HOW TO READ GARDENS

庭園の謎を解く

ロレイン・ハリソン 著
小坂由佳 訳

目 次

TYPES OF GARDEN

庭園の種類

庭の目的 *What Is It For?*

まえがき

私は幸せなことに、人のたくさん訪れる有名な庭「シシングハースト・キャッスル」を自宅として育ってきたが、私にとってのシシングハーストは今でも私的な場所だ。私は生涯を通して庭とつきあってきた。月明かりに照らされたホワイト・ハーデンほど美しい場所を見たことがない。ボックスヘッジの柔らかい上面に沿って手をすべらせていたくらい小さかった6歳の時以来、この空間の匂い、手触り、眺め、そして純粋な感覚を愛している。私の祖父母が二人で成し遂げた園芸の業績——ハロルド・ニコルソンによるレイアウトとヴィタ・サックヴィル＝ウェストによる植栽——は、世界中の造園家に対してインスピレーションを与えてきた。シシングハーストは、驚きに満ちた場所であり、特定の色や特定の花の季節をテーマにした一連のガーデンルームで構成されている。

庭への理解を深めることは、大好きな本を読み返すくらいすばらしいことだ。なじみのページに戻り、お気に入りの一節で立ち止まり、今までに出会ったことのない新しい違った見方を発見する楽しみがある。だから本書は、歴史的な庭でも現代風の庭でも、公共の庭でも

個人の庭でも、どんな庭を訪問するにしても、使いやすい個人的なガイドとして実際役に立つことだろう。

著者は、目の前にある視覚的な手がかりを読むことによってその庭を正しく理解する方法を、私たちに提示する。

私の父は、五幕物の演劇とシシングハーストの花の季節をいつも比べたものだ。シシングハーストのサウス・コテージには書き物机があり、外を見るとコテージ・ガーデンの橙色、黄色、赤色が直接見える。ここは、毎年のドラマの最前席であり、その演劇は、幸運な居住者のために窓越しに上演されるのだ。スノードロップが地面から顔を出す2月に静かに始まり、この愛らしい庭のドラマはゆっくりと展開する。春の色鮮やかな緑色の美しさ、夏の盛りのバラ色の荘厳さ、そして、ほとばしるような秋の色を経て、再び冬の静けさで幕を閉じる。

ジュリエット・ニコルソン

世界的に有名な庭園、シシングハースト・キャッスルを造った
外交官ハロルド・ニコルソンと文学者ヴィタ・サックヴィル＝ウェストの孫

INTROD

はじめに

ウェレビー・パーク
オーストラリア、メルボルン
Werribee Park, Melbourne, Australia

装飾用のパルテールとよく手入れされた芝生は、トーマスとアンドリュー・チャーンサイドによってメルボルン郊外に建設された19世紀の屋敷の庭を美しく飾るために用いられた2つのヨーロピアンガーデンのスタイルである。

どのほどの人が、美しい庭を散策する時に目にしているものを本当に理解しているだろうか。それは、もともとの景観なのか、作り直したものなのか。植栽材料は、本物か、それとも現代の作り物なのか。階段やテラスは、イタリアン・スタイルか、アーツ・アンド・クラフツによるものか。そして、木立の向こうに見える廃墟は何なのか。

実際のところ、あらゆる時代のほとんどの庭では、歴史に手が加えられている。つまり、後に続く世代が、長い時間をかけて、その場所の土壌や堅い素材を変化させ、なじませ、影

UCTION

響を与えているのだ。必然的に、今日私たちが散策する庭の多くは、変わりゆく流行と社会的状況の入り交じったものである。

庭の景観は、家族の運命の盛衰を記録し、外来の植物種の導入を通して人間の探求心を記録し、何世代かにわたって唯一無二の個人的な庭を作り上げてきた努力を示しうるものである。

本書は、造園の年代順の歴史というより、庭を訪れる際の速習講座である。フィールドガイドとして用いると、歴史的な影響、起源、様式、そして、おかしな空想の飛躍を見出して確認するのに役立つ。多くの文化や国々からの庭園の写真によって、訪れるべき豊富で多様な場所を体験できると同時に、詳細なイラストによって、個々の庭に見られる構成要素と細部についての一般的な例が明らかになる。これらによって、庭を構成する多くの異なる要素を解釈して理解するための視覚的言語が身につく。

本書の目的は、庭の過去の物語を語る手がかりを引き出すために必要な知識を提供することである。大規模な地所から小規模な郊外の土地まで、これから庭を訪れるたびに、『庭園の謎を解く』は、その楽しみを活気づけ、情報を提供し、最も重要なことには、楽しみを増してくれる。

至る所にバラ
Roses everywhere

色が美しく花が長持ちするように育てられた交配種であろうと、うっとりさせる香りの昔ながらの品種であろうと、バラは永遠の魅力を持ち続けている。

INTRODUCTION

庭めぐりの歴史 *History of Garden Visiting*

レモンの果実
The fruit of the lemon

柑橘類の木は19世紀、専門の温室を建てて維持する経済力のある温帯地方の裕福な庭園所有者の手にようやく渡った。

この最も楽しい活動には、長い歴史があるので、21世紀に庭めぐりをする人は、昔からの定番のルートをたどっている。ルイ13世は、パリの王立薬用植物園（現在のパリ植物園）の門を1640年に開放し、のどの渇いた訪問客にレモネードを販売した。偉大なイタリアルネサンス庭園の多くの手引き書が、文化に飢えた18世紀のグランド・ツーリストたちのために出版された。同じ時代に、上品な身なりであれば見知らぬ人でも、イングランドの貴族の家に自由に出入りすることを許されていた。使用人たちが彼らに即興のツアーを提供し、家と庭の歴史を簡単に紹介した。

今日、公共に開放されている庭の範囲は、歴史と造園の専門家チームによって所有・管理・運営されている壮大な史跡から、ガーデニング好きの所有者が、慈善活動の目的で年に数日、気前よく門を開放するような小規模な個人の庭まで、多岐にわたる。訪問者の範囲は、庭園自体とほとんど同じくらい多様で、過去と同じく、植物の専門家、建築の歴史家、美術愛好家、散策する人などである。

おそらく、必然的に、一部の非常に特別な庭は、自らの成功の犠牲になってきた（スペインのアルハンブラ宮殿やイングランドのシシングハースト・キャッスルがすぐに思い浮かぶ）。これらの本当にすばらしい場所を見るために入場料を払っても、あまりにも多くの人たちと経験を共にするために、雰囲気は損なわれ、足の下にある芝生は劣化する。従って、気の利いた口実を作って、（しばしばすばらしいにもかかわらず）地味であまり有名でない庭のいくつかを、お決まりで有名な庭と

ともに訪問地のリストに含めるとよい。

損傷はさておき、膨大な人数の庭の訪問者によるもう一つの影響は、庭を見るルートを管理しなければならないことである。もともとは、その庭にどのように近づいて眺めていたのかに注意しよう。これは、庭の計画において、常に、注意深く調整され検討されているものだからである。悲しいことに、カフェ、店、チケットブースが必要なので、もともとのすばらしい計画が台無しにされていることがあまりにも多い。

セントラルパークのバーネット記念碑
米国、ニューヨーク
Burnett Memorial, Central Park, New York, USA

コンサバトリー・ガーデンは、セントラルパークの唯一の正式な庭園である。そのブロンズ製の噴水は、児童文学者のフランシス・ホジソン・バーネットを記念した物である。

INTRODUCTION

庭の年代決定 *Dating a Garden*

庭の時代は、庭の歴史に精通している専門家ですら当惑する可能性があり、しばしば盛んに論じられる問題である。庭の大部分が、樹木やその他の植物、水などの変化しやすい材料から構成されるため、完成という時点に到達することは決してない。植物が生長し、季節とともに変化し、気候に反応し、そして最終的には枯れることが避けられないので、庭は常に、変化する状態にある。これに加えて、次の所有者の意向や流行によって干渉されるため、問題はさらに複雑になる！

最も初期の現存する庭のレイアウトの記録は、古代エジプトのものであり、紀元前2000年に遡るが、これは、もちろんこの時代以前に庭がなかったということを意味するものではない。何世紀にもわたって世界中の非常に多くの地域で出現してきた「庭」と認識されるものの多様さを想像してほしい。庭の時代を設定する問題が、もっとはっきりしてくるだろう。

遊園地
Pleasure gardens

何世紀にもわたって、庭は、レジャーや娯楽、静かに瞑想する場所として愛されてきた。

問題を簡単にするために、庭をよく見て、こう自問しよう。この庭は新しいか？　新しくないなら、庭がその場所にどのくらいの期間あるか？　厳密な歴史的な様式を忠実に守っている場合、その庭はその時代に起源をもつのか、後に再構築されたのか？　この庭は、さまざまな様式の影響を受けて、時間とともに変化してきたのか？

実のところ、造園家は、見境がないため、臆面もなく、数多くの時代と場所から要素や様式を取り入れてなじませるが、調和には少しも配慮しないことが多い。この意味で、「純粋な混じりけのない」庭はほとんどない。18世紀のイギリス風景式庭園にフランス人が用いた用語「英中折衷庭園」は、この混乱の完璧な例である！

効果の芸術性、つまり園芸的に優れていることが、歴史的な正確さよりも造園家にとってはずっと重要であることが多い。17世紀の庭のレイアウトの骨格に現代の植物品種を合わせているのを見ることも珍しくない。この外観の軽視は、必ずしも注意や配慮に欠けているからではなく、もともとの植栽のリストが残っていないか、残っていたとしても、その品種がもはや現存しないかである。おそらく本書を読むと、庭というものは、その本質から、生きていて変化するものであるから、信ぴょう性に関しては過度に気にかけることなく、庭に見られる多くの歴史的および様式上の傾向に気づくようになるだろう。何よりも、庭の時代はどうあれ、訪れるすべての庭を楽しみ、鑑賞しよう。

装飾用の壺
Ornamental urn

大きな庭では、装飾に用いられる素材の様式と選択は、母屋の年代と建築様式によって決定されることが多い。

はじめに *Introduction*

ベルサイユ
フランス、パリ
Versailles,
Paris, France

ベルサイユの意欲的なスケールと形式は、この庭が本当に壮大な庭であり、感動を与えると同時に、歴代のオーナーの絶対的な権力を表現する目的を持っていたことを示している。

庭がつくられるのには多くの理由があるが、そのすべてが実際的な理由や感覚に訴える理由というわけではなく、さまざまな種類の庭があることに、訪問者が戸惑い混乱することも多い。庭の目的は、その外観に深く影響するので、庭を訪れると最初に「この庭は、何のために、そしてなぜここにあるのだろう」と問いかける。食料や薬草を育てる庭もあれば、科学的知識を蓄えるための庭もある。そして、もちろん、多くの庭は、ただ姿や香りを楽しむためのものである。

ムンステッド・ウッド　英国、サリー州
Munstead Wood, Surrey, England

伝統的な英国カントリーハウスの庭は、模倣の多い古典様式になっていて、その雰囲気は、リラクゼーション、楽しみ、保養を促す。庭のレイアウトは、カントリーハウスと密接に関係しており、設計はあまり形式張っていない。

シェーンブルン宮殿のパームハウス
オーストリア、ウイーン
Palm House, Schönbrunn Palace Gardens, Vienna, Austria

世界でも最大級の植物園は、科学的探求のための温室である。園芸界の博物館や大学とも言えるものであり、その巨大なガラスのドームには、稀少で貴重な植物、つまり、生態学的に重要なものが数多く栽培されている。

新渡戸記念庭園　カナダ、バンクーバー
Nitobe Memorial Garden, Vancouver, Canada

日本庭園の精神と様式は、多くの国で影響を与えている。公園または樹木園のように大きな庭の構成の中に、テーマを持った空間が組み込まれていることが多い。それらは、趣の変化をもたらし、新たな視覚的感性を付加する。

フェルブリッグ・ホール　英国、ノーフォーク州
Felbrigg Hall, Norfolk, England

たいへん魅力的であることも多いが、野菜や果物の栽培園や薬草園の主な機能は、食料や医薬品を供給することである。こうした空間は、訪問者を喜ばせたり感動させたりするよう意図された一般公開のための庭というよりも、生産のための場所である。

壮大な庭 *Gardens of Grandeur*

庭に取り囲まれた建物と同じように、宮殿の壮大な庭、政府の所在地や大きな個人邸宅は、見る人に感動や興奮を与え、恐れさえ抱かせるように設計されている。(そういう空間で「快適だ」と感じるかどうか考えてみよう)。そうした庭は、注意深く編成された庭の要素を用いて、富、権力、そして地位を誇示する。社会的地位を示すには、規模が重要であることが多いので、庭全体の広さを考えてみよう。土地は高価なものであり、多くの場合十分には存在しないため、裕福な人だけが、貴重な農場や建物の土地を美しい庭に転用することができる。

エステ家別荘
イタリア、チボリ
Villa d'Este, Tivoli, Italy

すばらしいイタリア・ルネサンスの庭の規模、複雑さ、洗練されたデザインに注目しよう。それらはすべて、小さな家庭の土地とは全くの正反対である。

エントランス The entrance

建物へのアプローチは最重要であり、庭はここで重要な役割を果たす。門番小屋、ロッジ、紋章で飾られた華美な門扉、それらの建築要素の向こうで車道を縁取る長い並木道など、明らかな手がかりを探そう。

労働者 Labour

壮大な庭には、維持のためにかなりの数の人々が必要だ。広大な面積のよく手入れされた芝生や手の込んだ縁取り花壇をよい状態で維持するには、多大な労力と、高いレベルの専門知識を必要とする。大量の労働力も、富の明らかな象徴である。

機　能 Function

ロマンチックな廃墟は、興味をそそり魅力的だが、実際的な目的を持つものではない。しかし、パビリオンはすてきなものだが、庭の要素からのシェルターにもなるので、機能的でもある。「無駄な」ものが敷地内に多くあればあるほど、オーナーが裕福だということだ。

装飾品 Ornament

庭の装飾品の量と質に注意しよう。優れた彫刻、しっかりした造りの構造物、機能的な噴水、独特な壺、あつらえの調度品、これらはすべて、手入れや注意、そしてお金が、庭に対して惜しみなく使われていることの証である。

TYPES OF GARDEN

楽しむための庭 *Gardens for Pleasure*

パワーズコート
アイルランド、
ウィックロー・カウンティ
Powerscourt, County Wicklow, Ireland

美しい庭や公園での散策は、昔も今も人気がある。いつの時代でも、人々は開けた緑の広場や、目をひく光景、きれいでおいしい空気を求めているのだ。

遊園地は、18世紀半ば以降、ヨーロッパで人気があった。そうした広場はすべて、社会的な交流や楽しみのためのものである。格式張らないレイアウトと植栽そして、さまざまな建物の様式が、楽しみと気晴らしのための庭を特徴付けていることが多い。演奏会やゲームをする場所、気分転換をする場所、そして、最も重要なのは、そこにあるすべてのものの間を散歩するための場所であることだ。この考え方は、都市公園ができた19世紀に完全に民衆の知るところとなり、指定公共空間の概念は、今でも世界中で見られる。

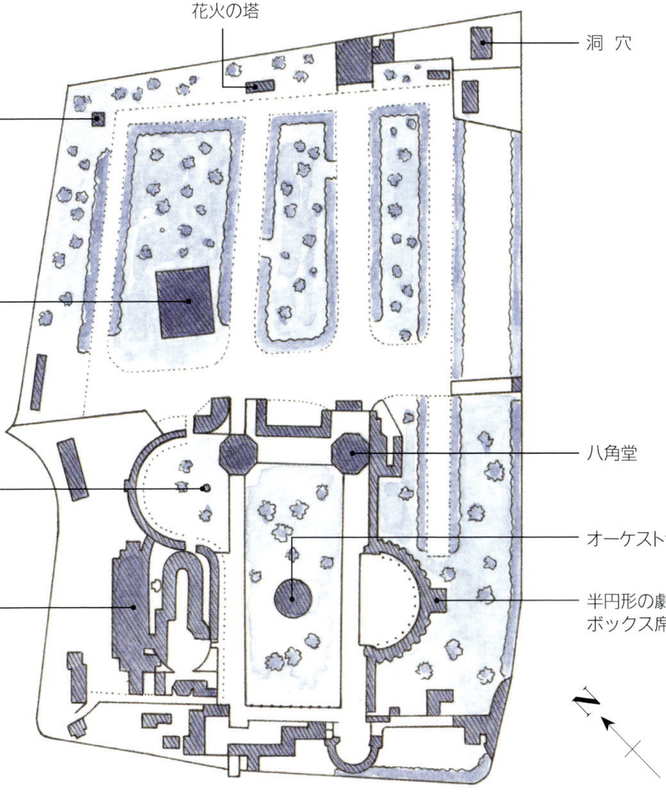

ボクスホール公園の図面
Plan of Vauxhall Gardens
英国、ロンドン、1826 年

ボクスホール公園は、1661 年～ 1859 年に人気を博した商業的遊園地だった。いろいろな意味で、ボクスホール公園は、その後の公共空間の見本となった。わずかな入場料を払って、色々な人たちが、さまざまなショーを楽しむために集まった。家族や友人たちが、花壇の間をそぞろ歩き、芝生の上でピクニックをし、劇場のボックス席のような特別な場所でいつもよりフォーマルに食事をした。音楽や演劇やサーカスが、壮大な花火とともに特に人気で、人々は庭という舞台を背景にして楽しんだ。

カントリー・リトリート *Country Retreats*

田舎に土地を持つという考えは、時代と大陸を越えて存在するが、その理想を具現化しているのは、19世紀の英国のカントリーハウスと、その庭である。産業化が土地を消費し、多くの人の目には、対照的な田園地方が、優れた道徳的資質を持つと映るようになった。裕福な人々は、立派なカントリー・リトリートを購入または建設して、遊び、楽しみ、自然に近づくためのゆったりした庭で囲んだ。カントリーハウスと庭がどのように関連しているかに注意すると、その土地特有の同じ材料がそれぞれに盛り込まれていることがよくある。植栽はあまり格式張ったものではなく、自生種を自由に使っている。

ガーデンハウス
英国、デヴォン州
The Garden House, Devon, England

制御され、時にはむしろ不自然な方法で、カントリーハウスの庭の様式は、敷地の境界を越えたところにある自然の景観を補完し、それに調和しようとする。

眺 望 Views

周囲の景観が、“借景”の仕掛けによって庭の中に取り込まれている。庭と自然は、都会で見られるように高い壁や生け垣やフェンスで互いにはっきりと区切られるのではなく、融合しているように見える。

楽しみ Entertaining

田舎では、着るものがあまり格式張っていないのと同じく、社会のルールもずっと緩いため、庭もまた然りである。屋外での食事が好まれており、多くのテーブルや椅子を置ける広々としたテラスがカントリーハウスの近くに設けられ、ゆったりとした快適な椅子が置かれる。

娯 楽 Games

カントリーハウスでは、娯楽や遊びを中心としたパーティーが繰り広げられていた。テニスコートや、クロケット用の芝生、そしてローンボーリング用の芝生などのスポーツ専用のエリアや、散策向きの低木の木立が見られる。しゃれた厩舎や車のガレージの場合もある。

田舎らしさ Rusticity

カントリーハウスの庭では、格式張って設計された敷地よりも遊び心のある飾り付けがされていることが多い。田舎風の建物、調度品、柵は特に、田舎の背景に調和するようだ。石よりも木や煉瓦を建材として使っているのをよく見るだろう。

家庭の庭 *Domestic Gardens*

家庭の庭は、あらゆる形のものがあるが、大きさは限られている。ほとんどは小さくて、バルコニーや裏庭や屋上のテラス程度のものもある。安全性、プライバシー、そして礼儀の問題から、庭の境界が外の世界に対する障壁として機能することが多い。趣味よく自制すれば、しゃれた庭ができるのだが、家庭の庭は、あまりにも多くの機能を満たしたいという欲求に悩んでいるのだ。子どもの遊び場、ウサギ小屋、魚の池、温室、物置、野菜畑、それに場合によっては花壇や低木の植え込みまで！

小さいけれど美しい
Small but beautiful

空間が価値を持つ場所では、もちろん装飾は少ない方がいい。ここに見られるように、控えめで必要最低限のデザインが、中庭には特にぴったりする。

空　間 Space

小さい庭では、縦方向に空間を使うことをおすすめする。バラやフクシアといった植物は、あまり広い面積を占めずに高さと趣を出すものとして、普通に育てられている。同じ理由から、蔓植物を格子やパーゴラに絡ませる。

植　物 Plants

小さな庭では、統一感と目的意識を持とう。常緑の背景に対して抑え気味に花を使えば、落ち着いた印象を与え、大きな構造的な葉をレイヤリングすれば、構造を与えられることに注目しよう。

個々の要素 Detail

門扉、フェンス、花壇用の縁取り、調度品、植物の鉢植えといった一般的な庭の要素は、（大規模な庭でもしばしばそうだが）オーダーメイドであることはめったになく、何千個単位で大量生産されて売られているものだ。英国の郊外ではかつて非常に人気が高かったため、この門扉のようなデザインを何度も繰り返し目にするだろう。

装飾品 Ornaments

家庭の庭をつくる人は、伝統よりも隣人たちに縛られているように感じることが多く、その結果、装飾品や装飾様式を折衷的に組み合わせても、これが魅力的な結果になることもある。横になった仏陀のそばに腰掛けたノームに出迎えられても驚いてはいけない。

イスラム庭園 *Islamic Gardens*

アルハンブラ宮殿、ライオンの中庭
スペイン、グラナダ
Court of the Lions, The Alhambra, Granada, Spain

アルハンブラ宮殿は、要塞兼宮殿として建造され、その中庭の中央にあるアラバスターの水盆を支える12頭の白い大理石のライオンは、強さと勇気を象徴している。

イスラム庭園のモデルは、イスラム教以前のペルシアに遡る。中東およびアジアだけでなく、北アフリカ、スペイン、トルコでも普通に見られる。その完全な幾何学模様は、基本的な模範となっており、世界中の数え切れない庭にその影響を見るだろう。文字通り"地上の楽園"と考えられており、これらの静謐な閉ざされた空間は、もともとは涼しい緑のオアシスで、うろつき回る動物や砂漠の熱から守ってくれるものであった。それらは、自然というよりも建築と支配に関するものであり、プール、小川、噴水、そして影をつくるパビリオンで特徴付けられる。

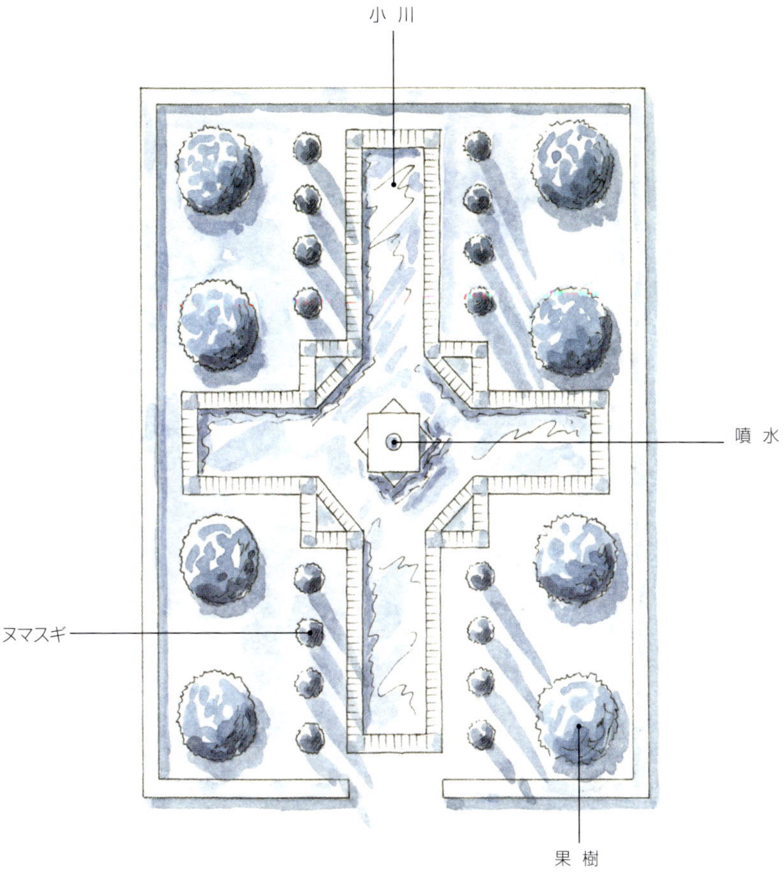

イスラム庭園の図面 Islamic garden plan

古典的なイスラム庭園は、高い壁に取り囲まれ、内部の空間は４本の小川か水路で仕切られている。これらは、中央のプールで合流し、中央プールには噴水があることが多い。こうした庭は、*charbagh* と呼ばれ、４つの水路は、人生の４つの川、つまり、ミルク、蜂蜜、水、ワインを表しており、楽園を流れている。星と八角形のモチーフは、人生と知性の象徴である。背の高い、細身の常緑樹――イトスギが最も一般的――は、死すべき運命の象徴である。これらが、果樹とともに日陰をつくる。

意味を含んだ庭 *Gardens of Meaning*

イスラム庭園と同様に、日本庭園もしくは禅庭は、“地上にある天国”を表しており、深い哲学的かつ象徴的な意味を暗示している。視覚的には非常に独特であり、そぎ落とされた簡素さの中で、植物が構造的要素に従属している。こうした庭の機能は、感覚的というよりむしろ知的で瞑想的であり、それらのバランスと調和と静謐さが、内省と静かに自分を見つめることにつながるのだ。岩、水、砂利や植物が、ミニチュアの景観をつくりだすように配置されており、そこにいると、空間の感覚が狂ってしまう。こうした情景をじっと見つめていると、スケールの感覚がなくなってゆく。

南禅寺
日本、京都
Nazen-ji, Kyoto, Japan

この枯山水、つまり水を用いない庭園形式では、熊手でまっすぐにひかれた砂利の線は静水を表し、曲がりくねった線は逆巻く波を象徴する。

岩 Rock

岩や石、砂利などの硬いものが、こうした庭の重要な要素である。注意深く配置された岩は、強さ、純粋さ、そして不変性を表す。砂利は、さざ波を模して熊手でならされる。苔むした場所をゆったりと曲がりくねって進む石畳を探してみよう。

水 Water

本当の日本庭園には、必ず池や川があり、たいていはあふれんばかりに魚がいる。池、小川、滝は、移りゆく時の象徴である。橋は、此岸から彼岸へ渡ることを象徴している。

植物 Plants

植物の色彩は、基本的に常緑に限られていることに注意しよう。ただし、紅葉などの樹木が燃え立つような色に変わる秋は別である。樹木の形と大きさは、常に整えられ、常緑樹は雲の形に似せて剪定される。

装飾品 Ornament

石灯籠は、伝統的に夕方の茶会の客のために道を照らすのに用いられていた。石灯籠は、門や、橋のたもと、道の曲がり角など、庭の中で照明が最も必要とされる場所に配置される。

秘密の庭 *Secret Gardens*

サン・ポール・ド・モズル修道院
フランス、サン・レミ・ド・プロバンス
St-Paul-de-Mausole, St-Rémy-Provence, France

閉ざされた庭の象徴的な理念は、旧約聖書のソロモンの歌に暗示されている。「わが妹、わが花嫁は閉ざされた園。封じられた泉。」

これらの閉ざされた庭は、閉ざされた園（ラテン語で*Hortus conclusus*）もしくは秘密の庭（イタリア語で*siardino segreto*）などとさまざまに呼ばれ、キリスト教や文学を象徴するものであふれている。その処女性から、閉ざされた完璧な存在となっている聖母マリアを暗示しているため、それらの庭は、伝統的に女性の秘密と保護と関連している。こうした庭のすべてが気高いままでいるわけではなく、次第に楽しみや気晴らしの場所になり、その隠されているという性質は密会にうってつけだった。小さな隠れ家が、大きな庭の中にあるため、ガーデンルームの先駆けである。

囲い Enclosure

壁や塀、フェンス、場合によってはもっと開放的な格子や枝を織り込んだフェンスで、人目から守られている。これらの構造物のすべてが、庭の住人を外の世界から遮断し、繊細な植物の生長に適した微気候を作り出している。

腰掛け Seats

秘密の庭には、影になった腰掛けが備わっており、大抵は木陰にある。中世には、芝生の腰掛けが一般的だった。石や木の腰掛けには、芝や、カモミールやタイムといった甘い香りのするハーブが植えられる。

植物 Plants

植物は、象徴的な意味で選択されることが多い。白いマドンナリリー（ニワシロユリ *Lillum candium*）は、純潔を表し、宗教画では、大天使ガブリエルが受胎告知の時にユリを捧げ持っている様子が描かれている。それとは対照的に、赤いバラは、キリスト教の殉教者の象徴である。

修道院の庭 Cloister gardens

女子修道院と男子修道院の庭は、アーチ型の列柱廊で囲まれた正方形または長方形の庭であり、閉ざされた庭の背景となる構想と密接に関係している。これらの穏やかな空間には、薬用ハーブが植えられていることがある。

思想の庭 *Gardens of Ideas*

哲学、政治、詩歌、そして科学に至るまで、その思想を表現する庭がある。このような知的な空間は、排他的であり、暗に示されているものを理解する人にだけ語りかける。「これは何か、そして、ここにあるのは何故か、何を伝えようとしているのか」という問いかけが重要であるという庭は他にはない。例えば、英国バッキンガムシャー州ストウにある庭の中で、ウィリアム・ケント（1686-1784）は、古典にインスピレーションを受け、アンティークの美を褒め称えた構造物を配置したが、風景の彼方にあるそれらの構造物は、ゴシック様式で、その地のサクソン族の伝統をほのめかすものであった。

宇宙の思索の庭
スコットランド、ダンフリーズ州
Garden of Cosmic Speculation, Dumfries, Scotland

建築理論家チャールズ・ジェンクス（1939年〜）は、ポートラックハウスに素晴らしい庭を作り上げた。宇宙とカオス理論の実体のような複雑な概念を探求している。

背景 Setting

花で飾り立てて、庭の観念形態を邪魔することはめったにしない。わずかな景観の背景が、スコットランド、ダンサイヤのリトル・スパルタの額石を運ぶ構造物に完璧な引き立て役を提供する。植栽がある場合、大抵は野生のものか格式張らないものだ。

命名 Nomenclature

意味の手がかりは、こうした庭の構成部分につけられた名前にある。英国バッキンガムシャー州ストウの英国式庭園では、イギリスの偉人の寺が、エリシュオン・フィールドと呼ばれる谷に配置されている。エリシュオン・フィールドとは、ギリシア神話で有徳の人が死後に住む場所である。

様式 Style

様式は、こうした庭の物語における重要な要素だ。英国ノースヨークシャー州のハワード城では、3つの古代文明が建築的に表現されている。霊廟はギリシアのもの、ピラミッドはエジプトのもの、フォー・ウィンド寺院はローマのものである。

意味 Meaning

表面的な外見は「だまし」の場合があることに注意しよう。フランス、オアーズのシャトー・デルムノンビルの哲学の寺院は、未完成であるが、伝統的な意味での庭の廃墟ではない。それどころか、その未完成の状態が、人間の知識の不完全さを表している。

癒しの庭 *Healing Gardens*

アメリカ料理学校
米国、ニューヨーク州
Culinary Institute of America, New York State, USA

壁に囲まれた家庭菜園の近くに薬草園があるのをよく見るかもしれないが、多くは、とても魅力的なレイアウトなので、もっと目をひく場所に配置されてもよいだろう。

伝統的な薬草園は、訪れることができる最も魅力的な庭の一つだが、最も生産的で有用でもある。薬草は、医薬品として、料理の材料として、家庭で利用するものとして、何世紀にもわたって栽培されており、最古のハーバル（使用法の手引き書）は、古代中国に由来する。薬草園は、しばしば宗教施設に併設されており、植物学の発展に深く関連している。中世の修道士は、単純に配置された幾何学的な苗床で薬草を育てていたが、後に、宗教に関係しない事例では、より装飾的になっていった。多くの大規模な庭には、今も薬草を栽培するための場所が設けられている。

レイアウト Layout

薬草は、一般に、さまざまな複雑さを持つ幾何学的パターンで栽培される。15 世紀、16 世紀までは、手の込んだ結び目（ノット）のデザインが西洋では一般的であった。ラベンダーやジャーマンダーの低く刈り込まれた生け垣でつくられていたが、現在では、もっと長持ちするツゲ属（*Buxus*）を見ることが多いようだ。

同 定 Identification

きちんと配置され、正しく同定された植物で満たされた苗床を見つけたら、薬草園である可能性がかなり高い。もともと、これらは、実際的な目的を持った庭である。つまり、治療薬を探す医師が、すばやく正確に植物を見つけて同定する必要があったのだろう。

コンテナ栽培 Containers

造園家は、ローマ人がそうしていたように、薬草をコンテナ栽培する。多くの薬草は、極東や地中海地方に起源を持つので、自由に排水できるポットでの栽培が特に適しており、取り扱いが難しい変種は、冬には室内に簡単に持ち込むことができる。

苗 床 Beds

薬草は、伝統的にレイズド・ベッド（訳注：盛り土をして床面を高くした苗床）で栽培されてきたが、これにより、料理用と薬用の植物を分けることができる。材木や煉瓦を用いることもできるが、中世様式の薬草園を再現するには、枝を編んだフェンスが特に適している。

TYPES OF GARDEN

実り多き庭 *Fruitful Gardens*

ノルマンビーホール
英国、
リンカーンシャー州
Normanby Hall,
Lincolnshire, England

整然としたレイアウトと小道や建物の実用的な配置は、19世紀の壁で囲った家庭菜園に典型的なものだ。

多くの果樹園や菜園は、母屋からある程度離れた場所で高い壁の向こうに隠されている。伝統的には、果物や野菜、切り花を育てると言った実用的な目的のための場所は、見えないように隠されていた。礼儀という問題はさておき、そびえ立つ壁には、好ましい微気候を作り出すという恩恵もあった。しかし、流行が変わり、作物と装飾的な植物を並べてパターンを作るポタジエ（訳注：菜園の意味）様式で野菜を育てることが流行し、料理の楽しみに見た目の楽しみが加わった。

囲い Enclosure

作物を作る庭は、夏の間は美しいが、他の季節には何もなく地味だ。だから、家庭菜園は、煉瓦の壁の向こうに目隠しされて作られるのだ。かつての多くの家庭菜園が、近年、大規模に復元されている。

建造物 Buildings

豊かな家庭菜園を維持するには、人手と道具が必要なので、必ず、庭の中または近くに、道具や苗床用の小屋などのさまざまな建物がある。扱いの難しい熱帯の果実には、ガラス張りの温室による特別の条件が必要だ。

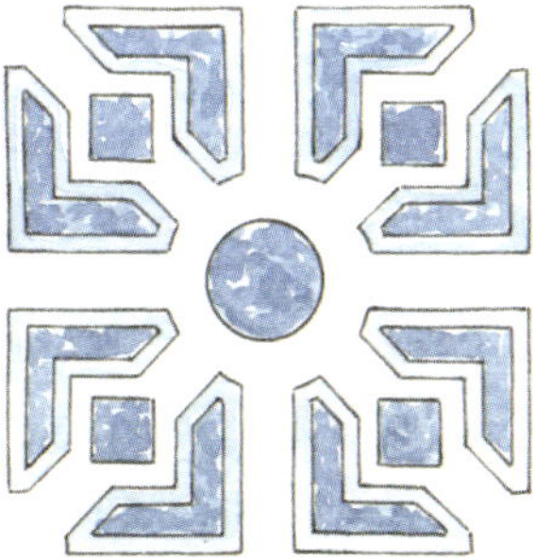

レイアウト Layout

効率を最大化するために、大規模な家庭菜園は、厳密な幾何学的計画に従って秩序立って作るのがよい。なだらかに起伏した開けた景観に流行が向かっていた18世紀のヨーロッパでは、家庭菜園は、生産と産業から閉ざされた安息地になった。

小道 Paths

菜園にはいくつもの小道が横断していることに注目しよう。効率的な耕作には、通路が必要であり、庭をつくる人が簡単に一輪車を押して通れるくらい十分な幅が必要である。これらの庭は、基本的に働く庭なので、何もせず楽しむ場所ではないのだ!

植物園 *Botanical Gardens*

大規模な植物園が世界中にある。それらには長い歴史がある。アリストテレスは、紀元前3世紀に自分の植物園を持っていた。この種のヨーロッパの庭は、まず、1543年にイタリアのピサにつくられ、すぐにヨーロッパ大陸中に広がった。植物園は、薬の開発と国際的な貿易に極めて重要な役割を果たしている。植物園を訪れるのは楽しいが、第一の機能は、世界中の植物材料の同定、分類、保存にある。これらの園芸の専門知識の中心地から、知識は自由に共有され、国際的に交換される。

植物園
イタリアパドア
Botanical Garden, Padua, Italy

薬用植物の研究のために1545年につくられ、円形の中央レイアウトを持ち、世界を象徴している。高い壁は、夜の間に貴重な植物の中に侵入されないようにつくられた。

温 室 Glasshouses

印象深いとは言わないまでも、どこの植物園にも、専門の温室がある。温室の高さは、ヤシなどの背の高い標本木が自由に成長できる高さであり、一面ガラス張りで最大限の光を通すようになっている。温度と湿度も、熱帯や亜熱帯の気候を再現するよう、注意深く制御できる。

外国産植物 Exotics

植物園には、きちんとラベルのついた外来の樹木や低木がたくさんあることに気づくだろう。こうした庭は、結局のところ、生きた標本のコレクションである。輸入された外国産の種が、私たちの家や庭に当たり前に植えられている現在でも、これまで見たこともないような植物と出会う可能性がかなり高い。

植 物 Plants

18 世紀と 19 世紀の間、植物園は、全世界の主な植物採集探検に資金提供していた。採集家が持ち帰った外国産の種の多く、特にシャクナゲやツツジなどは、現在の私的な庭や公共の庭の姿に大きな影響を与えている。

植物標本 Herbaria

大規模な図書館とともに、植物園には標本庫があることが多い。これらは、系統だって整理された植物全体または植物体の一部のコレクションであり、普通は乾燥させて押し葉にされた状態で保存されている。英国の王立植物園キューガーデンだけでも、700 万点のさく葉標本がある。

TYPES OF GARDEN

収集家 *The Collectors*

ウエストンバート樹木園

英国、グロスターシャー州

Westonbirt, Gloucestershire, England

英国の樹木園は、17世紀に、植栽が始まった。ウエストンバートは、1820年代後半にまで遡り、国立樹木園の一部をなし、一般公開されている。

植物コレクションにはさまざまな形態があることがわかるだろう。最大のものは、樹木園として知られる公設または私設の植物コレクションであり、それらと似たものに、マツの植物園（針葉樹)、低木園（低木）、ツル植物園（蔓植物)がある。第一の目的は、植物コレクションと分類であるが、緑地庭園の設計ではグループ分けに美的な配慮もなされる。歴史的に、こうしたコレクションは富の象徴であり、プラント・ハンターが持ち帰った個々の種を栽培するためにオーダーメイドで温室が作られた。対照的に、大規模な庭の中に多くの小さな専用のコレクションが存在する場合もある。

保 全 Conservation

一般に公開されている多くの庭は、保全と採集の分野にも積極的に関与している。植物種の保全、栽培、繁殖、記録をするという重要な仕事を行い、それらの情報を栽培者が利用できるようにしている国立の植物コレクションやシードバンクを探してみよう。

特別な温室 Specialist houses

冷涼な気候では、柑橘類は、冬の間暖かくするように大きな栽培温室の中の大きな鉢で栽培される（夏には外に移動させる）。ヤシやサボテン、ツバキ、ランや高山植物を育てるための特別な温室も見られるだろう。

植 物 Plants

ある種類の植物にきちんとラベルをつけて分類していれば、それは専門のコレクションだろう。シダ園（シダ植物）、コケ園（コケ植物）、堅果園（ナッツ類）、または、トラフの庭（トラフという石の鉢で植物が栽培される）と、さまざまなものがある。

展 示 Displays

サクラソウ館など、一種類の植物が芸術的に配置されている庭の一角を見るだろう。これは、雨よけのための屋根のついた建物の中の棚に、さまざまなサクラソウの変種の鉢を展示したものである。

みんなの庭 *Parks for People*

都市公園と個人の庭の視覚的な違いは、すぐにはっきりする。前者は、非常に多くの都市住民のさまざまな需要を満たすように設計されている。小道、運動場、テニスコート、ローンボーリング用の芝生、子どもの遊び場、湖（手こぎボートがあることが多い）、芝生、花壇、避難小屋、記念碑が、普通に見られ、標識、売店や公衆トイレは欠かせない。こうした公園の規模は、非常に大きいが、植栽や建物の様式は、個人の庭に見られるよりもずっと幅広いようだ。

ハイドパーク
英国、ロンドン
Hyde Park, London, England

都市公園は、都市住民にとって欠くことのできない運動できる空間（精神的な空間でもある）を提供する。都市公園は、大人と子どもの遊び場として重要である。

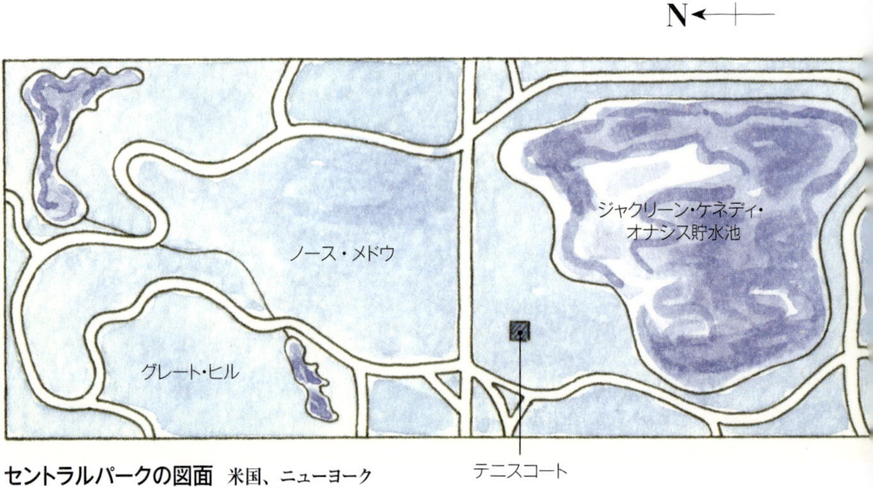

セントラルパークの図面　米国、ニューヨーク
Plan of Central Park, New York, USA

セントラルパークは、ニューヨーク市の“緑の肺”であり、マンハッタン高層ビル群のオアシスである。新しいヨ--ロッパの公園の多くを訪問したフレデリック・ロー・オルムステッド（1822-1903）によって設計され、1859年に開園した。オルムステッドは、特に、2カ所の英国の都市公園に影響を受けた。それは、リバプールのバーケンヘッド公園とダービー

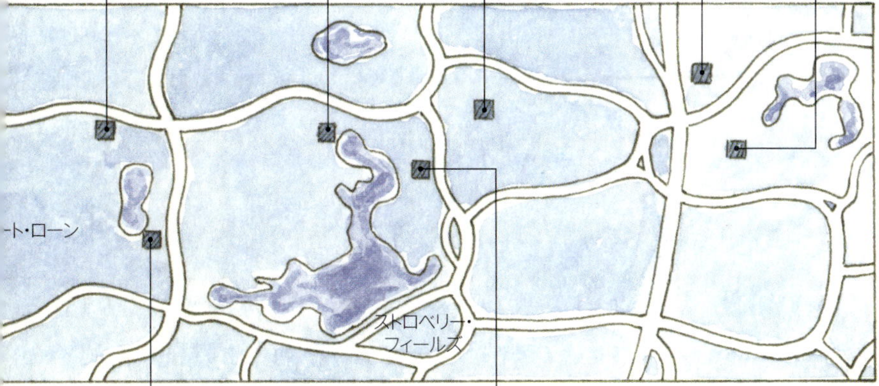

樹木園である。産業革命の間、都市はますます不衛生で人が密集するようになったため、こうした公園は、現在と同じように、市民が散歩したり、遊んだり、体操をしたりすることができる緑豊かな開かれた空間を提供するという19世紀の民主主義的思想を実現していた。

外観をつくる *Creating a Look*

STYLES OF GARDEN

はじめに *Introduction*

様式の感覚と場所
A sense of style and place

理路整然として統一された様式の感覚をもって庭を見よう。デザインと植栽は、周囲の環境と調和して一体となっているはずだ。

様式の感覚をよく養うことは、庭の成功に欠かせない。庭を訪れた時に最も多くのことを手にするためには、歴史的様式の重要な要素のいくつかを認識することが欠かせないのだ。正確に庭の年代を知ることは非常に難しい場合がある。例えば、それは、元々のオランダバロック様式の庭ではなく、「その様式で」つくられたずっと後期の庭であるかもしれない。しかし、一旦庭の様式を特定すると、こんな疑問がわいてくるだろう。「これは本物か？」「そうでなければ、なぜこの様式が選ばれたのか？」「庭をつくった人について何を語るのか？」

材 料 Ingredients

庭のさまざまな要素を、それぞれが庭全体の様式に貢献している材料として考えてみよう。きれいに刈り込まれた芝生や、色鮮やかな一年生の花壇用植物できちんと埋められた幾何学的な縁取り花壇は、世界中の植物の新たな系統を用いた19世紀の流行の確かな証である。

機 能 Function

背景、機能、様式が、まとまりのある全体性を達成しているのか、それとも、互いに対立しているのか。この現代風のテラスのために選ばれた控えめな家具、コンテナ、植栽は、完璧に調和しており、意図した目的をスタイリッシュに満たしている。

植 物 Plants

庭の様式に迫る時には、樹木、低木、花等の基本的なものを見過ごしてはならない。このように寄せ集めた夏に花の咲くお気に入りの植物は、典型的なコテージガーデンの外観をつくるための典型的な材料である。

折衷主義 Eclecticism

常に、庭での不測の事態に備えておくこと! すべての装飾的な構造が、確立した様式に適合するとは限らず、革新的要素や個人的要素の余地が常にあるのだ。しかし、過度の折衷主義は、見る人を混乱させる可能性がある。

秩序の庭 *Gardens of Order*

チャッツワース・ハウス
英国、ダービシャー州
Chatsworth House, Derbyshire, England

初期のノットガーデンに変化を持たせたものが、今日多くの庭で見られる。このデザインは、石の壇で隆起を作るという独特なものである。

中世初期の名残である14、15世紀の庭は、ほぼ確実に後のデザインで覆われているか、跡形もなくなっているので、庭を訪れる人は、再構築されたものや模倣したものを楽しんでいる可能性が高い。幸運なことに、これらの様式は、周期的に人気が再興して生き残っている。こうした庭は、かなり精巧な比率を持つ形の対称性によって特徴付けられる。大規模な庭では、堀、迷路、螺旋状の丘を探そう。あるいは、よい香りのする花やハーブなど、つかの間の楽しみがある。これは、あまり衛生的でない時代になくてはならない選択だった。

囲 い Enclosure

初期の私的な庭または個人の庭は、外の世界から壁で分離されていた。頑丈な障壁になることから、さまざまな高さの板塀を密に使うことが多かった。こうした庭の入り口は、屋根付きの門扉でできていた。後に、木製の柵は生け垣や壁に置き換わった。

ノットガーデン Knot gardens

ノットガーデンは、形式に関する別の特徴であり、その骨格は、ツゲ属のような背の低い常緑植物の小さい生け垣の間を花で満たして作られる。初期の単純なチェッカーボードのデザインは、後に、非常に複雑な渦巻き型のパターンに取って代わられた。

植 物 Plants

エリザベス女王時代の美学は、密集した効果よりも、ひとつひとつの標本を十分に鑑賞できるように個々の植物は均等に離れているべきであるというものだった。個々の植物の間に広がる暗い色の土壌は、花を見るための背景として機能した。

木陰のあずまや Arbours

初期の形式的な庭のデザインには、トンネルや屋根のついた腰掛けなど、様々な形の木陰のあずまやがあった。単純な木製の格子が、すかし細工の保護壁になっており、また、蔓植物や香りのよい植物の支えとして、花の高さを目や鼻の高さに合わせる。

過剰な庭 *Gardens of Excess*

イタリアルネサンスの建築家は、古典の理想の再興に基づいて建物や庭を設計した。大規模で力強く、精巧な庭は、15世紀後期から16世紀初期の成果である。それらの庭は、テラス、ロッジア、並木道、散歩道、噴水、池、彫刻、迷路、グロット（庭園洞窟）、林、トピアリー、宴会場など、あらゆるものを含んでいる。これらの大邸宅の庭は、象徴的なものであり、それらの要素は、比喩や寓話の複雑な視覚的言語を伝えている。英国では、ルネサンスガーデンは、劇場として、仮面をかぶったパフォーマンスなどの娯楽を催していたが、英国式風景庭園の運動ですべて一掃された。

ヴィラ・ランテ
イタリア、バニャーニャ
Villa Lante, Bagnaia, Italy

オウィディウスの「変身物語」に基づいて、16世紀のヴィラ・ランテの象徴的な庭の配列は、黄金時代からの人間の没落を表している。その庭の豪華な中心的存在は、クアドラートの泉である。

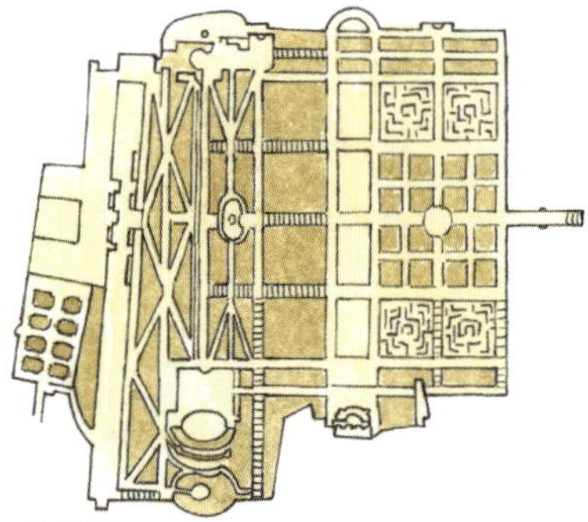

レイアウト Layout

イタリア、チボリのエステ家別荘のこの計画は、イタリアルネサンスの庭の典型であるレイアウトの複雑さを示している。デザインの重要な特徴は、さまざまな方向に庭を二分する強い軸と、非常に複雑であることが多いパルテールの対称性である。

水 Water

洗練された水力工学は、噴水、吹き出し口、カスケード、ジオッキ・ダグア（Giochi d'aqua：水の遊戯）など、幻想的な水の設備に水力を与えるために用いられる。それらのデザインは、果てしなく独創的で、多くは、川の神や水の妖精をかたどる彫刻で装飾されている。

彫 刻 Sculpture

イタリアフィレンツェのヴィラ・メディチ・ド・カステッロのヘラクレスやアンタイオスの彫刻など、ルネサンスの庭全体に戦略的に配置された数多くの立派な彫刻に出会うだろう。多くは模倣されて、よく似たものが世界中の庭で見られる。

グロット（庭園洞窟） Grottoes

幻想的なグロットは、16 世紀半ばまで大規模な庭でよく見られた。ニンフに捧げ物をする場所を意味するニンフェウムという古代ギリシアの概念に基づいて、ルネサンスの庭では、幾何学的な外観を持つが、内部は洞窟のようであることが多い。

STYLES OF GARDEN

フランス・オランダ式の庭

French & Dutch Formality

ヘット・ロー宮殿
オランダ、アペルドールン
Het Loo Palace, Apeldoorn, the Netherlands

むしろ語弊があることも多いが「オランダのベルサイユ」と呼ばれるヘット・ロー宮殿は、もともとは1680年代のものである。今日私たちが訪れているのは、1970年代に復元され再建されたものである。

フランス、ベルサイユ宮殿の庭は、フランス式庭園の典型であり、イタリアルネサンスの庭に直接由来するものである。平坦な地形に合わせた壮大なデザインは、静水と表面パターンの広がりで特徴付けられる。パルテールは、上から見えるように家屋のすぐそばに配置され、長い並木道が家屋から周囲の茂み（低木の植え込み）に向かって放射状に伸びていて、そこを散歩道が横切っている。印象深い噴水、彫刻、欄干が数多くある。生け垣、トピアリー、彫像、そしてもちろん運河とチューリップを特徴とする小さなオランダ式庭園が、17世紀に仰々しいフランス式から派生した。

植栽パターン
Planted patterns

フランス人は、パルテールと呼ばれる花壇の様式を開発し改良した。最も手の込んだパルテールが、家屋の近くに配置され、遠くに行くほど単純なデザインになる。これらの複雑なアラベスク模様は、その時代の刺繍だらけの洋服に由来する。優雅で複雑なデザインは、背の低いツゲ類で縁取られ、花や観葉植物が花壇に植えられる。一部の区画は、炭塵や砂のような色のついた材料で満たされる。

英国式風景庭園 *English Landscape*

ストウヘッド
英国、
ウィルトシャー州
Stourhead, Wiltshire, England

1740年代に端を発し、建造中にストウ川がダムで堰き止められ、ストウヘッドに大きな湖ができた。水の広がりは、風景庭園の典型的な特徴である。

18世紀の英国式風景庭園は、当時優勢だったフランス・オランダ様式に対抗してつくられたものである。クロードやプーサンの風景画に影響を受けて、ランスロット・"ケーパビリティ"・ブラウン（1716-83）のような著名なデザイナーが、大邸宅の敷地を、自然の理想的な風景へと変えたのだ。典型的な英国式風景庭園は、大規模で、不規則な形の大きな池がある広々とした芝生が家のすぐそばにあり、樹木が、単木または木立で、注意深く庭の至る所に配置されている。そして、もともと生えていた樹木が周りを取り囲み、その向こうには境界になる車道がある。

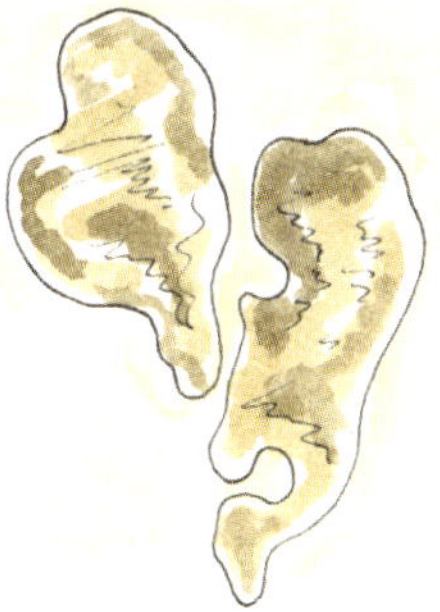

ハハー The ha-ha

囲われた庭の正反対のものである英国式風景庭園には、境界がないので、向こうに広がる風景が庭の一部になる。急斜面の水路が、巧みにつくられたハハーになっており、煩わしい柵を設けなくても、動物が草を食べに入ってくることを防ぐことができる。

水 Water

このような庭には幾何学的な形の池はなく、川や小川が堰き止められ、蛇行した大きな池が風景に入り込んでいる。それで、ロンドンのケンジントンガーデンには、その名もサーペンタイン（訳注：蛇行したという意味）という池がある。場合によっては、曲がりくねった小川が取り入れられることもあった。

小道 Paths

まっすぐな小道は、英国式風景庭園では嫌われており、芝生や木立の中を曲線状に曲がりくねって進み、庭の向こうの「自然」へとつながる小道が好まれた。それらの小道は、庭の至る所のさまざまな「眺め」を鑑賞するのに最高な場所に訪問者を導くように設計されている。

建造物 Buildings

注意深く配置された古典的なデザインの建物を探そう。通常、これらは小さな寺であり、ビーナスなどの神にちなんだものであることが多い。しばしば、これらの建造物は、湖を望むやや傾斜した場所に配置されており、対岸から眺めた時に水面に映り込むようになっている。

遊びの庭 *Playful Gardens*

フランス、ドイツ、英国では、ロココガーデンが、18世紀の終わりにかけて人気を博した。遊び心にあふれた新しい雰囲気の中、ピクチャレスク運動（訳注：絵のように美しい庭運動）は、感情的な反応を呼び起こすように意図された眺め、つまり「絵画」を見せる庭に訪問者たちを誘った。もっと極端な形では、これらの趣のある風景は、自然のままの起伏の激しい目を見張るような光景で、しばしば断崖絶壁で、崇高なものの文学的概念を暗示していた。幅広い様式を組み込んで、楽しく、優雅で女性らしく、そして、楽しみと娯楽に向けられている。

ペインズヒル公園
英国、サリー州
Painshill Park, Surrey, England

芝居がかった技巧の完璧な例、18世紀のグロット（庭園洞窟）の天井からぶら下がる作り物の「鍾乳石」は、木摺（きずり）、石膏、そして、方解石、フローライト、石膏のチップから作られていた。

廃墟 Ruins

不規則な形の非対称な外見の廃墟は、ピクチャレスク（訳注：絵のように美しい）の背景に特にふさわしいと思われる。時間の流れへの思いやすべてのものははかないという思いを呼び起こす。廃墟となった建物の後ろに回ってみよう。多くは、見せかけだけの作り物なのだ！

修道院 Hermitages

これらの庭には、ピクチャレスクの隠遁者の住まいにぴったりだと思える田舎らしい建物が組み込まれていることが多い。これらは、過ぎ去りし日に「隠遁者」が暮らしていた住まいであったのかもしれない。ひげを生やした人の影が、木立の中を歩き回るのがちらりと見えるようだ。あるいは、もっと単純な小さい田舎らしいコテージであるの場合もある。

グロット（庭園洞窟） Grottoes

イタリアルネサンスのグロット（庭園洞窟）よりも自然な感じのロココのグロットは、念入りにつくられた岩や貝細工や時には鏡で飾り立てられていた（ロココは、もともとフランスの石細工や貝細工に由来するものなので、グロットがこれらの庭に作られるのも当然である）。

構造物 Structures

普通は、軽い感じの装飾的なデザインが、ロココガーデンの構造物に選ばれる。ゴシック様式の腰掛け、中国式の橋、トルコ風のテントはすべて典型的なものである。これに関連して、これらの様式は、古典的なものほど厳粛な感じはなく、もっと遊びに満ちたものだと考えられていた。

STYLES OF GARDEN

花壇の形式 *Flowering Formality*

トルクホン城
スコットランド、
アバディーンシャー
Tolquhon Castle,
Aberdeenshire,
Scotland

このように極端に形式的な庭には、技術や専門知識や継続的なメンテナンスが必要である。すべての人の趣味には合わないとしても、その完成度によってきっと強い印象を与えるだろう。

ビクトリア時代には、フラワーガーデンがしっかりと流行に返り咲いた。「花壇に花を植える」ことが、英国、ドイツ、米国で流行した。外国から新たに持ち込まれた明るい色彩の一年草が暖められた温室に植えられ、きっちりと並べられた花壇に移植され、季節ごとにデザインが変えられていた。これらは、都市公園の花時計や紋章で今も使われているため、なじみがあるだろう。イタリア風の建築様式が、家屋だけでなく庭でも優勢であり、手すり付のテラス、軸をなす小道、噴水、彫像で特徴付けられた偉大なる形式への回帰が見られた。

植 物 Plants

個人の庭や公共空間でよく見られるカーペット状の花壇は、高い技術と集中的な労働力が必要な植栽の方法である。大量の観葉植物や花を咲かせる植物が、色とりどりのパターンで植え込まれ、同じ高さになるように維持されている（これが「カーペット」の名前の由来である）。

ガラスの温室 Glasshouses

19 世紀には、温室とサンルームが、中流階級にも手の届くものになり、もはや家庭菜園だけのものではなくなった。サンルームは、家になくてはならない部分になり、クチナシやランなどの外国産の植物を楽しんだり育てたりするために用いられた。

装 飾 Decoration

プランターや庭の調度品に施された高いレベルの装飾は、ビクトリア時代を示唆するものだ。大量生産された鋳鉄製のベンチは、手の込んだ装飾がついていて、このシダ模様のベンチのような田舎風のゴシック様式や植物をかたどったものが特に人気があった。

個々の要素 Detail

これらの庭全体の細部を装飾する高いレベルの装飾品に注目しよう。小道は、きちんと整えられ、花は装飾的な縁取りで囲まれている。大麦ねじり模様としても知られているロープ模様は、多くの庭で今でも見ることができる。

STYLES OF GARDEN

つつましい庭 *The Humble Plot*

典型的なコテージガーデン
The quintessential cottage garden

最も成功しているコテージガーデンは、人間の手でつくられたようには見えず、勝手にできた偶然の産物のように見えるのだ!

規模が小さく、由来がつつましいコテージガーデンは、流行や地位の枠組みの外で発展したが、影響力のある大いに模倣されるスタイルになった。何世紀もの間に貧しい田園地方の住民がつくってきたのだが、美的な楽しみと必要性が独特に混ざり合い、花をつける植物が、ハーブや野菜や果樹と競い合い美しい空間になっている。19世紀の影響力のある庭に関する著述家のウィリアム・ロビンソン（1838-1935）とガートルード・ジェキル（1843-1932）に支持されて、コテージガーデンは、都会の密集地帯のみすぼらしさと好対照をなして、田舎の飾り気のなさの象徴として高く評価されるようになった。ヨーロッパでは、ポタジエがこれに相当する。

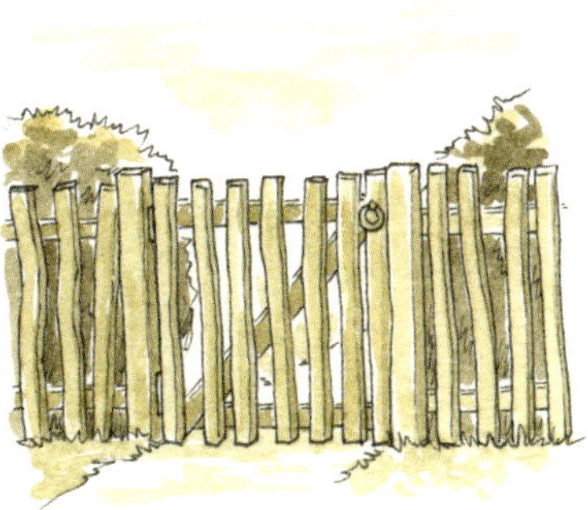

境界 Boundaries

高い塀とフェンスは、つくるにも維持するにもお金がかかるので、コテージガーデンは、(地元の材料でつくられた)低い壁や簡単なフェンス、また、一般的には自生植物の混植で取り囲まれている。

植物 Plants

コテージガーデンは、種子や挿し木で育てた植物、近所の人と交換したり、自然に風に乗ってやってきたりした植物であふれており、購入したものはめったにない。これらは、昔ながらの自生植物の変種であり、形や陰が繊細で、外国から持ち込んだものではない。

食料 Food

蜂の巣や鶏小屋を探してみよう。本当のコテージガーデンは、庭であると同時に食料貯蔵庫でもあるからだ。勝手口の近くには、収穫しやすいようにハーブが豊富に生えており、地面のスペースが貴重なので、植えきれなかったものは、鉢に植える。

即興 Improvisation

コテージガーデンで無駄になるものはほとんどない。材料は生産と美しさのために再利用される。ブリキのコンテナで野菜を育て、木を再利用して、バラやセイヨウスイカズラを支える素朴なアーチをつくっているのをよく見かけるだろう。

庭の中の芸術家 *The Artist in the Garden*

ビクトリア朝後期とエドワード朝の英国でのアーツ・アンド・クラフツ運動は、ジョン・ラスキン（1819-1900）とウィリアム・モリス（1834-1896）の理論に端を発し、米国では、フランク・ロイド・ライト（1867-1959）などの建築家によって発展した。その土地特有の材料と伝統的技術を自由に使うことで、それは重要な庭の様式になって、「野生の庭」を提唱したアイルランドの園芸家ウィリアム・ロビンソンと密接に調和した。ガートルード・ジェキルは、調和した様式の混合とたくさんの植物で特徴付けられる英国、米国、ヨーロッパの庭の何百という植栽計画（彼女はほとんど訪れていないが）をつくりだした実践家のひとりである。

ヒドコート・ガーデン
英国、
グロスターシャー州
Hidcote Garden, Gloucestershire, England

米国人のローレンス・ジョンストン（1871-1958）によってつくられたヒドコート・ガーデンは、庭のアーツ・アンド・クラフツ運動の完璧な例であり、広いガーデンルーム、堅いイチイの生け垣、ツゲ属のトピアリーを備えている。

建造物 Buildings

オーダーメイドの個々の庭の建造物に注目し、それらが家の様式や素材とどのように関連しているかを見よう。なぜなら、しばしば、同じ建材が両方に繰り返して使われているからである。たくさんのアーチ、半円形の階段、控え壁はみな、アーツ・アンド・クラフツ運動で好まれる。

パーゴラ Pergolas

うまく植栽されたパーゴラが、これらの庭の多くで見られる。柱は、積み上げられた幅の狭い厚い石材かタイルでつくられていることが多く、頑丈な材木の梁が、水平方向の支えになっている。パーゴラは、母屋に連なっている場合もあるし、独立して立っている場合もある。

調度品 Furniture

アーツ・アンド・クラフツ運動の先導者である建築家エドウィン・ラッチェンス（1869-1944）は、多くの英国風の家とそれらの庭を設計した。噴水や小道、パーゴラなどの要素とともに、セイカムとして知られるこのベンチも彼がつくった。セイカムは今でもその模倣品が庭で見られる。

陶芸品 Art pottery

手作りの工芸品の作品がこれらの庭では有名である。このような装飾用植木鉢を探してみよう。しばしば、間違ってガートルード・ジェキルの作品だとされるが、実際にはメアリー・ウォッツ（1849-1938）によってデザインされ、コンプトン・ポッターズ・アートギルドによってつくられたものである。

郊外の庭 *Suburban Gardens*

英国では、田園都市の成長と両大戦間に一戸建ておよび一棟二軒の郊外の家が建てられたことにより、小規模の庭と新しいタイプの造園家、つまり熱心なアマチュアが生まれた。裏庭は家族全員が使うプライベートな空間であり、前庭はきちんと整えられ、低い壁や生け垣、フェンスで区切られて、世間に向かってこぎれいな顔を見せている。米国郊外の庭では、小さな英国式風景庭園のように、広々とした前庭の芝生が囲いなしに舗装道路へとつながっているのと対照的に、ヨーロッパのアパートの庭は、植木箱であふれていることで特徴付けられる。

郊外の前庭　米国
Suburban front garden, USA

英国のものと対照的に、古典的な米国の郊外の前庭の芝生は、立ち入り禁止の生け垣やフェンス、門扉に邪魔されずに、外側の世界に対して感じのよい外見と空間感覚を与えている。

郊外の裏庭計画

Suburban back garden plan

大規模な土地の大邸宅と違って、英国郊外の庭は、定期的に所有者が変わり、次々とレイアウトが「いじくりまわされる」ことに悩まされている。しかし、今日でも多くの裏庭に古典的なデザインの名残が見つかる可能性がある。長くて幅の狭い形が、こうした庭の典型であり、このような形は、しばしば、両側に通る長い小道と境界によって強調されている。テラスは、家と庭の境界になっており、広々とした芝生のあるおかげで、伝統ある日曜日の朝の草刈りがなくなることはない!

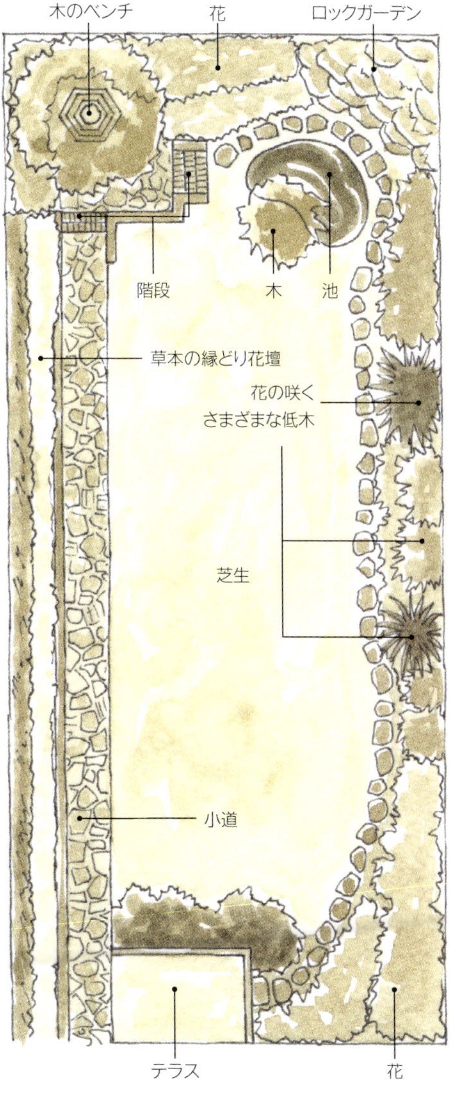

新たな庭、新たな世界
New Gardens, New World

サフラ銀行
ブラジル、サンパウロ
Safra Bank, São Paulo, Brazil

ブラジル人の偉大な造園家であって植物学者であるロバート・ブール・マルクス(1909-1994)によるこの屋上庭園は、抽象画のようである。石と砂利でつくられており、暑くて乾燥した条件に耐えられるように植栽は最小限になっている。

それ以前の世紀と同様に、20世紀の庭は、建築や絵画の新しい流行から影響を受けた。現代建築家のル・コルビュジエ(1887-1965)は、彼のアパートのバルコニーと屋根に高いレベルの庭を組み込み、バビロン(紀元前600年)やアステカ族の空中庭園に遡る古代の伝統を継承した。壁や窓に用いられた広いガラスが、庭と屋内の境界をなくしている。幾何学的に配置された樹木、大きく開けた芝生、花よりも優先された常緑樹、そして、波もなく鏡のような池、これらのはすべて、公共でも私的なものでもモダニストの建物を引き立たせる。

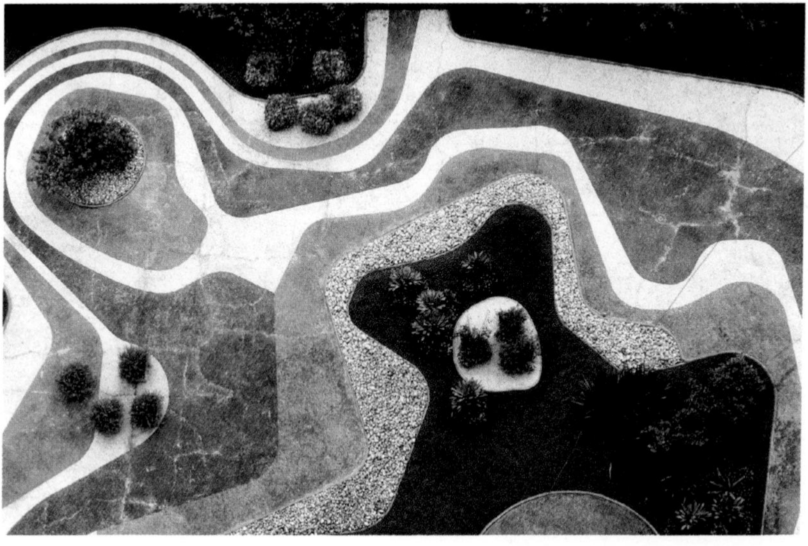

素材 Materials

現代の庭は、堅い物体を配しており、それらは、色とりどりであることが多い。木や、石、砂利、スチール、ガラスが一般的だが、コンクリートを使えば、デザイナーたちは、コンクリートを型に流し込むことによって、この曲がった壁のような構造を自由に作り出すことができる。

植物 Plants

植物は、現代の庭では構造に対して補助的なものであるようだ。この段々になったコンテナは、水平面の間の相互作用と一つの形から別の形への関係性に関するものであり、植物の生長に適した場所を提供するためのものではない。

ミニマリズム Minimalism

秩序を持ち制約を受けた最小源の植栽により、ガブリエル・グーヴレキアンが 1925 年につくったフランスイエール地方のキュービズムの庭は、現代の庭の模範になっている。そのスタイルの模倣、今日の庭でも見られるが、悲しいことに、質のよくないことが多い。暑くて日の照りつける気候にもっともよく適している。

彫刻 Sculpture

現代の庭には、大規模な彫刻作品を展示する完璧な視覚的環境がある。米国やスカンジナビア半島で、長い伝統のある専用の彫刻後縁を見かけるだろう。それらは、他の場所でも急速に人気を獲得している。その土地に特異的につくらせた作品を探してみよう。

庭の現在 *Gardens Today*

歴史上、現在ほど、庭が非常に多様な様式を受け入れている時代はないと言ってもよいだろう。確かに、新しい庭は、今もかなりの規模でつくり続けられており、多くは、先進的な技術を使って、偉大なイタリアやフランスの庭に対抗する水の展示をつくっている。しかし、今では、環境問題や自然界への影響に関する気づきが、庭の外観を形作っている。季節的な趣きを広げるような秋口に花の咲く多年草やイネ科草本の植栽群に特徴付けられる「プレーリー」様式の庭を探してみよう。

レディーファーム
英国、サマセット州
Lady Farm, Somerset, England

昔の伝統的なハーブの境界と違って、プレーリーのような草原の植栽は、数々の季節にわたって趣きを提供する。

植 物 Plants

庭をつくる人たちは、ますます予測できない季節を扱うため、特定の気候条件にあっている自生の種に新たな関心が向かうだろう。水不足やピートなどの限られた資源の利用に関する懸念も、何を植えるかに影響している。

規 模 Scale

規模と目的に野心を抱く庭が、今も世界中でつくられている。意味を持つ庭をつくるという伝統は続いており、スコットランドダンフリーズ州近郊のチャールズ・ジェンクスの「宇宙の思索の庭（Garden of Cosmic Speculation)」のツアーは、見る人を視覚的にも知的にも刺激する。

伝統 Tradition

ビスタ、池、噴水などの伝統的で形式的な庭の要素を用いる新しく独創的な方法が見出されている。英国、ノーサンバーランド州のアニックガーデンにあるグランド・カスケードは、多くの新しい画期的な水の施設のひとつにすぎない。

装飾品 Ornament

デレク・ジャーマン（1942-94）が、英国ケント州ダンジネスの荒れ果てた砂利浜の「庭」を装飾するために用いたさびの浮いた再利用のオブジェ・トゥルヴェは、他のものより適切だとは思えないだろう。参入は多いが、こうした様式と独創性を持つ庭はほとんどない。

TREES 後世に残す庭 *Gardening for Posterity*

樹木

TREES
はじめに *Introduction*

ソー公園
フランス、パリ
Parc de Sceaux, Paris, France

この見事な並木道に植栽するのに必要な想像力を考えてみよう。もともとのデザイナーは、この並木道が今の名声を得た時まで生きているわけではないのに。

どんなに小さくても、樹木のない庭を想像するのは難しい。しかし、庭をつくるという名目で、生きている要素を形作り、配置し、変形させるためのあらゆる技巧を用いても、最終的に自然が意図した姿になるのが樹木である。樹木の寿命が、日陰や排水の問題、根からのダメージといった望ましくない事態を生む可能性があるため、デザイナーの将来を見通す力に注目しよう。庭の年代やもともとのレイアウトの信頼できるヒントになるため、今ある樹木の大きさや位置に注意しよう（樹木を急速に生長させることはできないのだ！）。

樹木 Woods

多くの大規模な庭や都市公園には、林や小さい森が付随しており、周囲に位置していることが多い。森林では、季節的変化が、野生生物と同様に、非常に人目をひくが、野生生物は、庭の秩序だった領域よりもずっと許容されている。

並木道 Avenues

木がまっすぐに列になっているのを見たら、人工的につくられた環境にいることがわかるだろう!長い並木道や大きな道を造るために、多くの変種が使われている。これらのビスタは、訪れる人を招くようにも見えるが、威圧的でもある。

剪定 Pruning

造園家は、状況や目的に合うように樹木の形を整えるように努力するものだが、盆栽は“剪定”の最も極端な形である。しかし、放っておかれると、樹木は自然の形と大きさに生長しようとする。

機能 Function

樹木は、庭の最も生産的な植物のひとつである。木材を生産すると同時に、多くの果実やナッツ類を実らせ、庭に組み込まれるか、もしくは、果樹園、家庭菜園、柑橘園など、特定の領域に配置される。

TREES 景観をつくる *Landscaping*

ブレナム宮殿
英国、
オクスフォードシャー州
Blenheim Palace,
Oxfordshire, England

成功を収めた英国式風景庭園は、訪れる人に注意深く組み立てられた眺望を見せる。湖、樹木、建物のバランスのとれた組み合わせに注目しよう。

ベルサイユ宮殿やブレナム宮殿の庭のような、大規模で印象的な景観を設計した先見の明のある17世紀と18世紀のデザイナーには、自分が生きているうちに決して見ることができない光景が見えていた。樹木が生長し望ましい効果を作り出すには数十年がかかるからである。これらの野心的な計画の実現した姿を楽しんでいるのは、多くの場合、今日の庭を訪れる人々である。枯死してしまった樹木と置き換えられた若い樹木を見れば、その木の周りの木々との大きさの違いから、未完成の景観がどれほど違って見えていたかがわかる。

茂み Thicket

樹木が単木で植栽されているか、まとまって植栽されているか、接近しているか、間隔が広いかに注目しよう。茂みとは、きっちりとまとまって植えられたものであり、時に、やぶとも言われる。遠くから見ると、茂みは暗くて重たい形に見えるだろう。

木立 Clump

木立は、茂みよりも低い密度で植えられた木々である。木立は、“ケーパビリティ”ブラウンの景観でよく見られる特徴であり、ブラウンは、丘や斜面のてっぺんにブナの木立を配置することが多かった。

囲い Enclosure

成長した木々は、音や風を効果的に遮ると同時に、プライバシーを守るが、フェンスや生け垣とはちがって、できあがるまでに長い時間がかかる。周囲の茂みは、以前に囲いであったことを示す。

低木の植え込み Shrubbery

低木の植え込みは、たいてい高密度に植えられた花をつける低木からなっているが、高さを出すために、あまり大きくならない高木の品種を組み込む場合もある。木立の中と同じように、散歩のための小道が横切っていることが多い。

TREES

森の奥深く *Deep in the Woods*

林や森は、何千年にもわたって管理されて木材を収穫されてきたが、この管理の名残は、今もはっきりとわかる。しばしば“森林の庭”と呼ばれる場所に出会うが、これらは天然林や自然の森とはあまり似ていない。むしろ、もっと伝統的な森林の環境の中につくられた大規模な庭であり、森のような雰囲気を持っているものだ。それらは、通常は、酸性土壌の上につくられ、背の高い樹冠を構成する樹木の下に巧みに織り込むようにシャクナゲ、アジサイ、モクレンといった花をつける森林性の種が植えられる。春には、球根植物が、地面をじゅうたんのように覆う。

ブライアン公園
米国、
ヴァージニア州
Bryan Park, Virginia, USA
森林の主要な樹木が葉を茂らせる前、春と初夏に彩りと趣きを添えるために、アザレアとアメリカハナズオウが、下層に植えられている。

コピスCoppice

コピシング（萌芽更新）した森林は、非常に独特の外観を持つ。コピシングは中世の管理形態であり、地表のすぐ上あたりで数年ごとに樹木（特にハシバミ）を切って切り株にする。こうすることで薪、柵やバスケットの材料に使えるような長くて細い枝をたくさん萌芽させる。※ 訳注：根株から萌芽を促す仕立て方

ポラード
Pollard

ポラード（訳注：幹の途中で伐採し萌芽させる仕立て方。日本では台場クヌギなどが近い形）は、先端を断ち切った形が特徴的である。毎年、幹の上部またはポラードの主幹を伐り、草食動物が食べる高さのちょうど上の辺りで、多くの幹の生長を促す。冬には、ポラード独特のシルエットを与える大きくごつごつした“節”が伐った位置に見られる。

樹林帯 Belts

遠くから見ると、森林と見間違えることが多いが、樹林帯は幅広く植えられた樹木であり、典型的には大邸宅の周囲を取り巻いており、効果的な境界をなしている。樹林帯の内側では、かつては大型四輪馬車が通った馬車道が見られることもあるだろう。

空き地 Clearing

森林の中の空き地は、“森林草地”として知られる。中世には、一般の人々の家畜の放牧場として用いられていた。小規模な森林の庭の中に、意外性を導入するために空き地がつくられることもある。

TREES 庭の木立 *Garden Groves*

ウッドランド・ガーデン（森の庭）
Woodland garden

小規模な庭の中で、高密度に植栽された場所が、森の木立の様子を模倣している。ここでは、小道が庭の向こうへと通り抜けている。

木立は、イタリアでは*bosco*として知られている小さな森だ。ルネッサンスガーデンでは、小道が横切る木立であって、セイヨウヒイラギのような常緑樹が植栽され、木陰と隠れ家を提供している。フランス語での木立は*bosquet*、高密度に植栽された樹木（時に、低木）であり、ここでもまた小道が横切っている。開けた木立は、不規則に植えられた大きくて木陰をつくる樹木で満たされ、一方、混み合った木立には、プライバシーを提供する低木と、下層に植えられた小さな木がある。

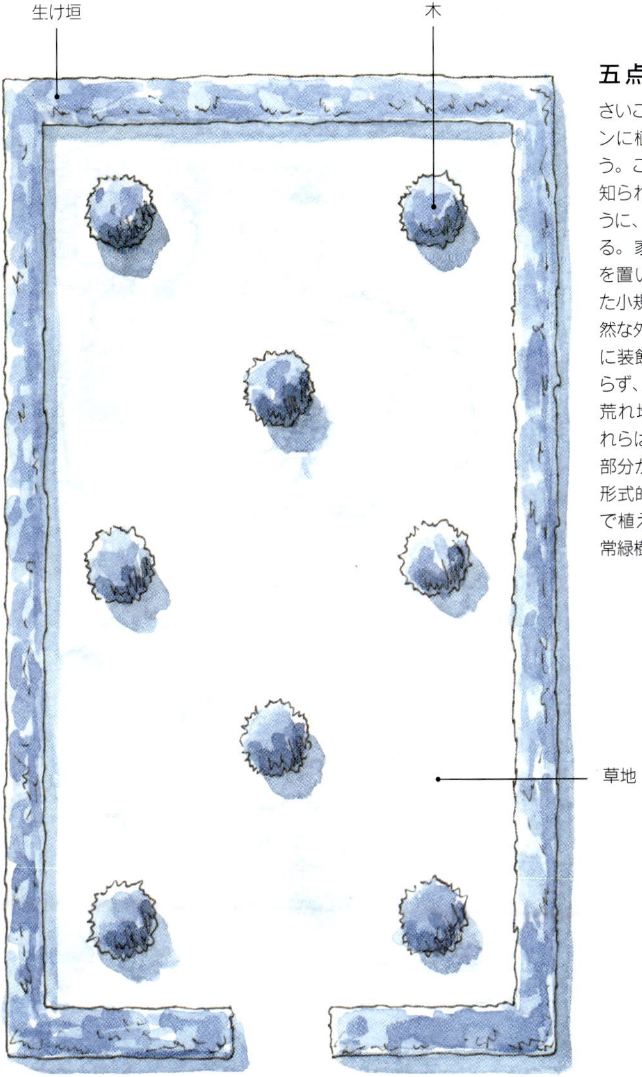

五点形 Quincunx

さいころの“5”を示すパターンに植えられた樹木を探そう。これは“五点形”として知られ、この図面にあるように、繰り返されることもある。家屋からいくらか距離を置いて配置され、こうした小規模な森の配列は、“自然な外見”というよりも非常に装飾的であるにもかかわらず、むしろ紛らわしいほど荒れ地として知られる。それらは、たいてい庭の他の部分から取り囲まれている。形式的な庭に五点形の配置で植えられて刈り込まれた常緑樹にも気づくだろう。

TREES 樹木園 *Arboreta*

空間と開放
Space and openness

樹木園の中には、開けた木立の様式で植栽されている場所があり、自然の森の雰囲気をいくらか残しつつ、個々の樹木の形を鑑賞できるようになっている。

樹木園は基本的に木で満たされた広い土地であるが、森林や森と間違う可能性はない。樹木の多くの種のコレクションと展示に専念しており、各標本は、隣にある個体に邪魔されずに、その大きさや形を見ることができるように植栽されている。樹木は、テーマに沿って配置される。最もよくあるのは原産地別の配置であり、他にも、見事な秋の色のような季節的な趣きを狙って配置されている。大規模な庭の中に樹木園がある場合には、収集に対する個人の熱意を反映していることが多い。

空間 Space

空間と開放の感覚は、樹木園の主な特徴のひとつであり、閉鎖的な森林とはかなり違っている。大きな標本木の形は、遠くからでも鑑賞することができ、まとまった集まりでも、十分な間隔を取って植栽されている。

同定 Identification

樹木には、ほとんど必ず、種名と原産国のラベルがきちんとついている。一部の樹木園では、訪れた人たちがコレクションの間を歩き回ったり、それぞれの種類の樹木に関する情報を読んだりすることができるように、地図や遊歩道を提供している。

腰掛け Seating

樹木園や庭を散策する時には、戦略的に配置されたベンチをうまく利用しよう。造園の伝統に従って、これらは周囲を最もよく見渡せる特別な場所にあるだろう。

季節ごとの興味 Seasonal interest

樹木園は、季節が異なると全く違った姿を見せるので、繰り返し訪れてもきっと楽しめることだろう。多くの樹木園で、春には、非常に専門的な球根植物のコレクションが地面を多い、秋には、落葉樹が人気を独占する。

並木道を歩く *A Walk Down the Avenue*

並木道は、樹木や生け垣を均等に配置した長くてまっすぐな散歩道または車道である。小道（フランス語では*allee*と呼ばれる）も、同じものであるが、若干狭い傾向にある（この用語は、球技に使われる長くて狭い芝生を意味する場合もある）。並木道は、庭の異なる部分を統合して結びつけるために、イタリアルネサンスのデザイナーによって採用されたものであり、建物や大きな彫刻などの強い焦点を終点としている。多くのフランス庭園、オランダ庭園、英国庭園、米国の庭で大きな並木道が見られる。

パックウッド・ハウス
英国、ウォリックシャー州
Packwood House, Warwickshire, England
刈り込んだイチイを一定間隔で並べたこの並木道は、家屋へと続く長いアプローチに、厳粛さと重々しさを添えている。

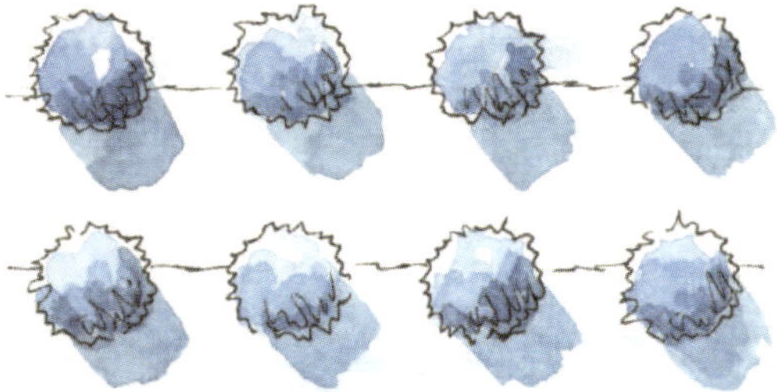

形式張らない並木道
Informal avenue

形式張らない庭では、堅苦しくないリラックスした効果を与える千鳥の配置に植栽された並木道や小道を見かけることがある。これは、並木道が森の中に造られた場合にしばしば選ばれている。

形式に沿った並木道
Formal avenue

形式に沿った並木道は、厳密な幾何学的格子のレイアウトを持ち、樹木は、正確に一定間隔を空けて植栽されている。このデザインの規模と単純さが、力強い効果を生み出し、到着したのだという感覚を訪れる人に与える。

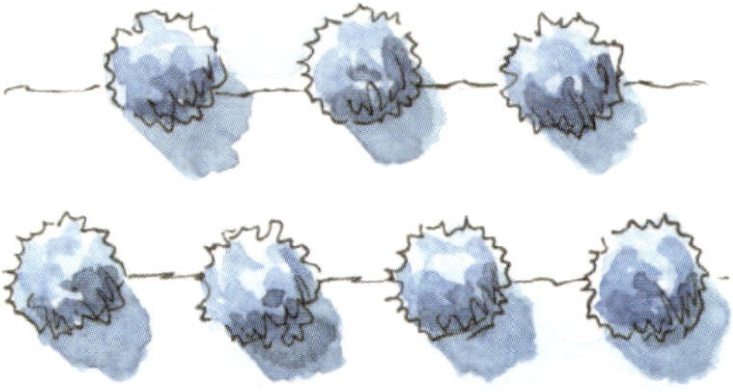

複数の列 Multiple rows

大規模で裕福な庭では、2列以上の並木や、樹木と生け垣の組み合わさったものが、見られる。高い順に植栽されており、第2の小道が列の間につくられている。

つぎはぎだらけの並木道 Patched avenues

古くからある並木道には、もともとの木がすべてそのまま残っているものはほとんどない。病気になって枯死しそうな木は、若い木と取り替える必要があり、そうして、つぎはぎになる。全く同じ変種がもはや手に入らないために、問題がさらに複雑になることもある。

TREES 長い眺望 *The Long View*

RHS チェルシー・フラワーショー
英国、ロンドン
RHS Chelsea Flower Show, London, England

シャンパーニュ・ラメント・ペリエ・ガーデンは2009年に、シデを組み合わせた単純な並木道を用いて、強いデザインを主張し、彫刻に目を向けさせている。

ビスタをつくるには、選んだ方向に見る人の注意を向けるように庭をつくらなければならない。大規模な庭を特徴付ける雄大な並木道のような、劇的で畏敬の念を呼び起こすビスタを実現するには、距離が鍵となる。しかし、より狭い空間でも良好な効果を実現することが可能であり、多くの同時代のデザイナーが、比較的狭い場所で、短く密につくられたビスタを導入することによって「長い眺望」という考え方を覆している。どんな規模であっても、眺め、建物、オベリスク、花を生けた壺など、一つの対象物に焦点を当てるビスタを探そう。

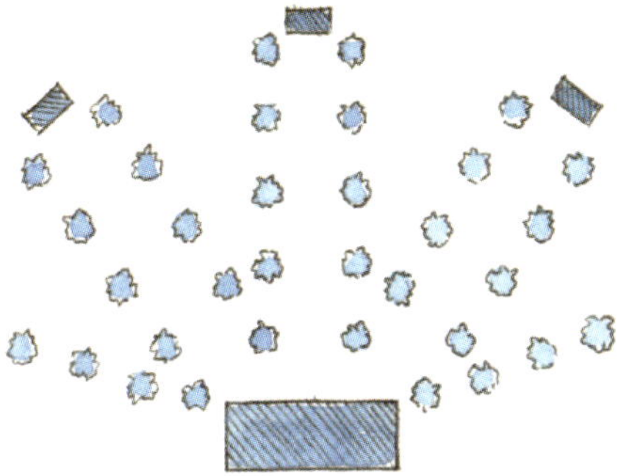

眺 望 Perspective

巧みな操作によって、意図的に実際よりも大きく見せられているビスタを注意深く探してみよう。並木の列を平行にせずに、一方の端で若干収束させて、高さも低くすることで、後退していく視覚的感覚を増大させている。

複数のビスタ Multiple vistas

フランス語で *patte d'oie*、つまりガチョウの足として知られる形を、非常に格式張った庭で目にするだろう。小道が、まるでガチョウのつま先のような扇形に広がり、多くの場合、建物を始点として、それぞれ異なるものを終点としている。

形式張らないビスタ Informality

ビスタは、小さな堅苦しくない庭でも重要で効果的なデザインの方法だ。スイートピーで飾られたシンプルなヤナギのアーチがすてきな香りのトンネルをつくり出し、それがなければ得られないような構造と秩序の感覚を庭に与える。

高さ Height

背の高い樹木や生け垣が、ビスタを作り出す唯一の手段というわけではない。低い植栽でも、特定の方向に目を向けさせることができる。芝生を横切るシンプルな小道ですら、望ましい対象物へ視線を導くことができるのだ。

TREES スタンペリー・ガーデン *Stumperies*

マジック・ガーデン
英国、
ハンプトンコート
Magic Garden,
Hampton Court,
England

2008 年のフラワーショーのためのこの庭は、かなり薄暗いゴシック様式のスタンペリー（訳注：切り株の庭）の背景に対して、野生の花の優雅な明るさと優美さが対照的である。

疑うことを知らない訪問者を驚かせようと、庭の暗くてじめじめした隅っこで予期せぬものが待ち構えていることがよくあるが、おそらく、スタンペリーほど予期せぬものはほとんどないだろう。スタンペリーは、引き抜かれた古い切り株で構成されており、根の構造の節くれ立った複雑なものをすべてさらけ出すように盛り土の上にさかさまに置かれている。スタンペリー・ガーデンは、ビクトリア調の造園家によって最初に考え出されたものであり、よく目にすることはないものの、近年になって多少は再興し、大小の庭の隅っこに新たな切り株が持ち込まれている。

切り株 Stumps

大規模なスタンペリーでは、目的の場所に運ぶために重機を必要とするようなたいへん古い木の根を用いる。これらの大きな自然の彫刻は、暗くてじめじめした場所にぴったりで、そういう場所で神秘的な雰囲気や少しゴシック風の脅威を醸し出す。

植 物 Plants

古い庭では、シダを植えたところに小さい一つの切り株が置かれていることが多い（ビクトリア時代には、シダ植物を育てるのが流行っていた）。切り株は、シダ、ツタ、コケ、地衣類のための完璧な生育環境を作り出す。

野生動物 Wildlife

特に野心的なスタンペリー・ガーデンでは、大きな切り株でつくったアーチや急な土手など、即席の建築的構造物を見つけるだろう。それらは、独特の雰囲気を持つと同時に、鳥や小さなほ乳類、昆虫類のすみかにもなる。

装飾品 Ornament

切り株は庭の装飾としても用いられ、共に森林や森を彷彿とさせることから、田舎らしい装飾品と特によく調和する。この奇妙な構造物は、中にシンプルな腰掛けを備えたあずまやのようなものを形づくっている。

果樹と形式 *Fruit & Formality*

商業的な果樹園の果樹は、たいてい効率よく収穫するためにまっすぐの列に植えられているが、庭に植えられるものは、規模も小さく、あまり形式にこだわらずに配置されるようだ。ミツバチの巣（ミツバチは受粉に重要である）、放し飼いのめんどり、秋に木の下をかぎ回るブタを探そう。家庭菜園では、大きさを抑え、実りをよくし、簡単に収穫できるように、幾何学的な形に果樹を剪定して仕立てる伝統がある。こうした木は、垣根仕立てとして知られる。

垣根仕立ての果樹
Espaliered fruit tree

春には、古い垣根仕立てのリンゴが満開になり、秋の豊富な収穫を約束する。

水平なT字型 Horizontal T

このような水平のデザインで仕立てられ、小道を縁取る生け垣として用いられている木立をしばしば見るだろう。まず、竿か強いワイヤーフレームで枝を支えて、形が定着したら、それを取り除く。

パルメット・ヴェリエ Palmette verrier

また、特に古い壁で取り囲まれた家庭菜園では、垣根仕立ては、壁やフェンスにもたれかかるように仕立てられる。この方法は、支持を提供するだけでなく、暖かく雨風を防ぐ壁の効果も与えるため、果実を熟させるのに完璧である。

斜めのパルメット Palmette oblique

リンゴ、西洋ナシ、ネクタリン、モモ、アプリコットなど、さまざまな果樹が垣根仕立てに刈り込まれる。ただし、この方法は、背の低い変種で最もよい効果が得られる傾向がある。昔の特徴的な垣根仕立てを探そう。

ベルギー風フェンス Belgian fence

垣根仕立てとプリーチング（訳注：樹木を組み合わせて生け垣を作る技法）の技術は、最終結果が非常に装飾的である点で、トピアリーと類似する。この複雑なパターンは、ベルギー風フェンスとして知られており、特に複雑で、つくるのに高い技術（そして忍耐）を要する。

TREES 空中の樹木 *Trees in the Air*

ホルカー・ホール
英国、カンブリア州
Holker Hall, Cumbria, England

これらの照葉樹は、通路の枠になる水平な高い生け垣を作ると同時に、頭上のアーチをつくるように仕立てられている。

プリーチングされた樹木は、天然林で見られるような樹木の対極にあるものだ。造園家が建築的な形に植物を仕立てる最も極端な例の一つである。しばしば、ポールヘッジと呼ばれるが、プリーチングされた樹木の真っ直ぐな列は、文字通り“竹馬に乗った生け垣”である。開放感と空間を維持しつつ、空間を仕切るために用いることができる。よく使われる種類は、ニレ、ライム、シデ、ブナであり、ブナは特に冬の間にすばらしい姿を見せる。

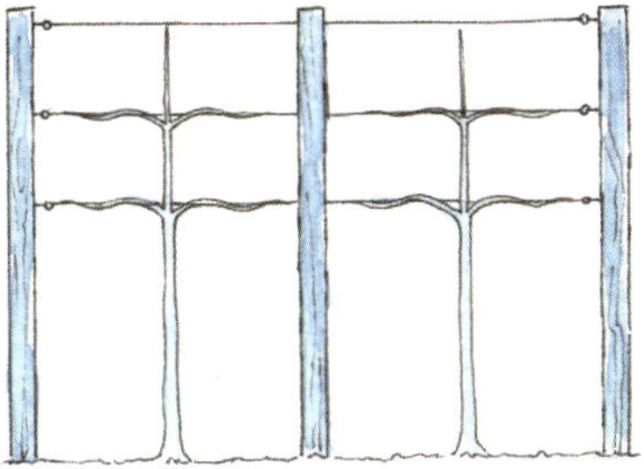

方 法 Method

プリーチングの成功は、正確な計測にかかっている。一定間隔で配置された支柱が、水平にピンと張ったワイヤーを支え、若い木がその間に植えられ、側枝がワイヤーに沿って仕立てられる。外側に突き出た枝は伐採される。

結 果 Result

樹木が生長すると、支柱は取り除かれるが、ワイヤーは、支えとしてそのまま残される。樹冠の高さで個々の木を区別できなくなるように、枝を絡め合わせる。

幾何学 Geometry

非常に古い技術にもかかわらず、頑丈な幾何学的形状を作るのに最適なので、現代のデザイナーがこの技術を用いているのをよく見るだろう。刈り込まれた低い常緑樹が、視覚的に釣り合うように地表に植えられる。

空 間 Space

現代風の庭では、空間が重視される場合がある。枝を組み合わされた木の大きさと形は、綿密にコントロールされ抑えられている。これは、日陰を増やしすぎずに、庭の中で高さを活かす非常によい方法でもあることを意味する。

一芝居打つ *Putting on a Show*

はじめに *Introduction*

美しいチューリップが春を彩る
Glorious tulips provide colour in springtime

庭の常緑樹は年間を通してほとんど変化がないが、花をつける植物は、色や形、香りが、季節によって移り変わる万華鏡だ。

観葉植物が庭の基礎的な要素であるならば、花をつける植物は、つかの間のスターだ。花のある庭の美しさは息をのむほどだが、どのように作り上げられてきたかを理解するために詳しく見てみよう。選んだ植物は、気候や条件に合っていて、よく育つのか、それとも育ちにくいのか？　この素晴らしい変種や珍しい変種でいっぱいの庭は、植物に精通した人の庭なのか（そして、それらの選択が、美的な効果を損なっている場合がないか）？　また、園芸のノウハウよりも色使いや形にこだわった芸術家の庭なのか？

色彩 Colour

庭の色彩にはいつも注意しよう。この庭をつくった人が好んでいるのは、微妙な色使いなのか原色なのか？ 花は互いを引き立てあっているか、調和を崩しているのか？ デザイナーは、細心の注意を払って色のパレットを絞り込んでいるか？ そうであれば、どんな効果があるのか？

香り Scent

香りは、庭を計画する時には無視されがちだが、かぐわしい香りは、植物が与える主な楽しみの一つである。バラ、セイヨウスイカズラ、タバコ等の花の見た目の美しさはさておき、特にハーブなどの多くの植物は、かぐわしい香りのする葉を持っている。

装飾 Ornament

一年草（一年で種から花を咲かせて枯死する植物）は、基本的に極めて重要な装飾的な性質のために育てられている。その輝かしさは、しばしば目を見張るほどだが、はかなくもあり、庭の長期的な構造には何の貢献もしない。

機能 Function

果物、ハーブ、野菜といった機能的な植物は、食べられるだけでなく、生まれながらにとても魅力的であることが多い。花と野菜を組み合わせた庭を注意深く見ると、食料をつくるだけでなく、美しくもあることがわかる。

花のカーペット *Floral Carpets*

花壇は、花を集めたり、模様になるように配置したりする花の咲く植物のコレクションだ。19世紀に流行したカーペット状の花壇は、ノットガーデンやパルテールの伝統に倣っており、英国式風景庭園の簡素さの後に、再び家屋の近くに花を持ってきた。カーペット状の花壇の技術は、取り扱いとコントロールがすべてであり、初期の純粋主義者は、花が咲く前につぼみを取り除いて、葉だけを使っていたことがわかる。しかし、新たに導入された派手な花がすばらしいとわかるとすぐに、明るい色彩の空想的な花壇がどこにでも見られるようになった。

カーペット状の花壇
Carpet bed

幸運にも、カーペット状の花壇の作品のよい例を見るなら、その技術を注意して観察し、用いられている細部に注意を払おう。

カーペット状の花壇のデザイン

Carpet bed design

円形や楕円形は、直線的な幾何学模様の花壇よりも一般的であり、デザインをよりよく見せるために中央に山をつくっていることもある。都市の記章または紋章が都市の公園や庭に描かれているのを見るだろう。デザインは、別の植物で縁取られた一種類の主な植物で飾られ、(ヤシのようにしばしば先がとがった)ドット・プラントとして知られるものが、高さを加える。そして、パターンは、球根植物、多肉植物、一年草など、さまざまに配置した植物で埋められる。

リボン花壇と島状花壇 *Ribbons & Islands*

デルガーデン
英国、
ノーフォーク州
The Dell Garden,
Norfolk, England

ここには、十分に生長した木の間に、うまく植栽された島状の花壇がいくつも点在している。その配置は、まとまりやつながりのあるデザインをつくっている。

リボン花壇は、19世紀に米国と英国で人気があった。同じ幅の連続した長細い花壇であり、明るい色の背の低い植物から構成されている。花壇は、まっすぐで、しばしば小道の両側を縁取っていたり、芝生に入り込んだりしている。島状花壇の方がかなり自然な感じである。たいていは円形かインゲン豆の形をしており、芝生の中につくられ、そこには、低木、花、そして、多くの場合小さな樹木を組み合わせて植える。垣根の壁を背にして設置された従来の花壇とちがって、島状花壇は、すべての角度から植物を見ることができる。

リボン状の花壇 Ribbon bed

派手なリボン花壇は、1900 年までに流行らなくなって以来、今でも珍しい。公共の庭の小道を縁取るリボン花壇を見ることがあるかもしれない。それらはとても背が低いはずで、植物はきちんと刈り込まれているか、地面近くに固定される。

リボン花壇のデザイン Ribbon designs

渦巻きや繰り返しのモチーフも、リボン花壇のデザインではよく見られた。人気の絶頂期には、この植栽スタイルは、（しばしば花壇と芝生の間のタイルの細い列とともに）低木の植え込みを縁取るために用いられ、コンテナの様式にまで拡張された。

島状の花壇 Island bed

島状花壇の規模はさまざまであるが、最も視覚的に成功しているのは、広い場所でいくつかがまとまっているものだ。小さい庭では、残りの植栽から独立して見えないように、注意深く配置される必要がある。

島状の花壇のデザイン Island designs

インゲン豆型や涙型の島状花壇がよく見られる。の高い灌木や木を混ぜると、望ましくない光景から目をそらさせるのに有効である。こうした花壇はしばしば、異国風とか秋の色といったテーマに基づいた植栽計画に用いられる。

華やかな縁取り花壇 *Brilliant Borders*

ハーブや多年生植物の縁取りは、壁や垣根を背にしてつくられた苗床である。長さはさまざまであり、一列だけのものも、間に小道のある2列のものもある。毎年繰り返される性質（植物は冬の間に枯死する）のため、家から見ることができないところに配置されているのを見るだろう。夏の盛りには、ハーブの縁取り花壇の成功は、地面が見えないように、色彩、ボリューム、高さ、葉の形を注意深く調和させたバランスの上に成り立つ（一年生草本は、取り扱いが難しい鉢植えの植物と共に、隙間を埋めるために用いられる）。

ムーティエ森林公園
フランス、ヴァランジュヴィル・シュル・メール
Bois des Moutiers, Varengeville-sur-Mer, France

ガートルード・ジェキルは、刈り込んだイチイを用いて、この長い壁に沿って構造的な控え壁をつくり、リズムと形を加えた。

1 ユッカ
2 ハマナ（*Crambe maritima*）
3 青いアジサイ
4 白いキンギョソウ
5 サントリーナ
6 黄色いタチアオイ
7 白と黄色のキツネノテブクロ
8 ルリタマアザミ（*Echinops ritro*）
9 白いダリア
10 クレマチス・ジャックマニ（*Clematis jackmanii*）
11 キバナノコギリソウ（*Achillea eupatorium*）
12 黄色いキンギョソウ
13 シロタエギク（*Cineraria maritima*）
14 ディクタムリウス
15 イベリアゼラニウム（*Geranium ibericum*）
16 シオン属の仲間（*Aster acris*）
17 シオン属の仲間（*Aster shortii*）
18 グリーンマレイン（*Verbascum olympicum*）
19 フラットトップアスター（*Aster umbellatus*）
20 イチイ属（*Taxus*）の生け垣

ガートルード・ジェキルのハーブの縁取り花壇

Gertrude Jekyll herbaceous border

19世紀の終わりから、ジェキルは、ハーブの縁取り花壇を新たなレベルの完成の域に到達させた。絵画的な印象派の色彩のパレットを巧みに用いた縁取り花壇は、繊細で人目をひいた。これは、ジェキルの多くの図面のうちの一つの一部分であり、（左の端に始まり）クリーム色、ピンク色、シルバーブルーから、ピンク、薄黄色、白、ペールブルーを経て、青、白、シルバー、クリーム色で終わっている。先のとがったユッカが、劇的な構造を加え、暗いイチイの生け垣が対照的な背景となっている。

情熱的なバラ *Romantic Roses*

バラは、庭の花として最も古くから知られているものの一つである。最初に栽培したのは、古代中国の造園家であり、ローマ時代には一般的になり、それ以来世界中で珍重されている。種としては交配が進んでおり、色、形、そして最も重要な香りは、驚くほどさまざまである。バラだけに特化した最初の庭は、19世紀初期、パリ近郊につくられたマルメゾン城のジョセフィーヌ女王の庭である。瞬く間にフランス中に流行が広がり、英国やその他の国にも広がった。

アデレード植物園
サウス・オーストラリア州
Adelaide Botanic Gardens, South Australia

オーストラリアの200年祭を祝うために建てられた200年祭記念温室には、華やかさとは対照的な低地の熱帯植物が植えられていたが、外の庭には、短命なバラが植えられていた。

ウィーピング・スタンダード Weeping standards

バラは、形式に従って、また形式張らず栽培される。フランスには、軽く剪定されたスタンダード仕立てを用いる伝統があり、ボール状やもっと自然なしだれた形に整えられた。今でも人気があり、これらのスタンダード仕立ては、今日の格式のある庭の中で主役を演じている。

シュラブ・ローズ Shrubs

シュラブ・ローズは、庭での管理が最も簡単である。最も現代的な交配種は、何度も花を咲かせ、病気にも耐性がある。ガリカ、センティフォーリア、ダマスクなどの古い変種は、花期が最も短いが色や香りは最高である。

クライミングローズ Climbers

クライミングローズは、ロマンチックでうっとりさせるような魅力を間違いなく庭に与え、高さ、色、香りを添える。壁やアーチを使って仕立てたり、あずまやに絡ませたり、コテージの扉を縁取ったりするのが、最も一般的である。

ツルバラ Ramblers

ツルバラは、勢いがあって、成長が早い変種であり、広い場所を必要とする。より自然に近い状況での成長に適しており、樹木や低木に喜んで絡みつき、土手によじ登る。

ローズ・ガーデン *Rose Gardens*

モティスフォント・アビー
英国、ハンプシャー州
Mottisfont Abbey,
モティスフォントには、オールド・ローズのナショナルコレクションがある。ツゲ属の生け垣と木のアーチの構造と形式は、バラの花が終わっても、その壁で囲まれた庭に形を添えている。

ローズ・ガーデンは、バラ園またはロザリオとしても知られており、ほとんどの場合形式張っている。スペースに問題がない場所では、家屋から離れた場所にあり、壁や生け垣で取り囲まれている。バラの咲いている時期は比較的短いので、一年の大部分は、人が訪れない。より上品な庭に合うように、ガートルード・ジェキルやヴィタ・サックヴィル＝ウェスト（1802-1962）など、影響力のある人物が、バラを他の花と組み合わせて、全体の花の咲く季節を延ばしはじめた。これは、世界中で現在目にするバラを育てる基盤になった。

アーチ Arches

バラを支える伝統的な方法を探そう。十分に試行錯誤されたこれらの方法は、さまざまな状況で生き残っている。1本または複数のアーチの周りに仕立てられたバラの蔓は、しばしば、ビスタを縁取るため、小道にかぶせるためにしばしば用いられている。

花綱 Festoons

カテナリーや花飾りとしても知られるこの方法では、地面に背の高い市中を立てて、間に太いロープやチェーンを渡す。バラは、柱に対して育てられ、ロープやチェーンに沿って下方に仕立てられ、花が咲くように促される。

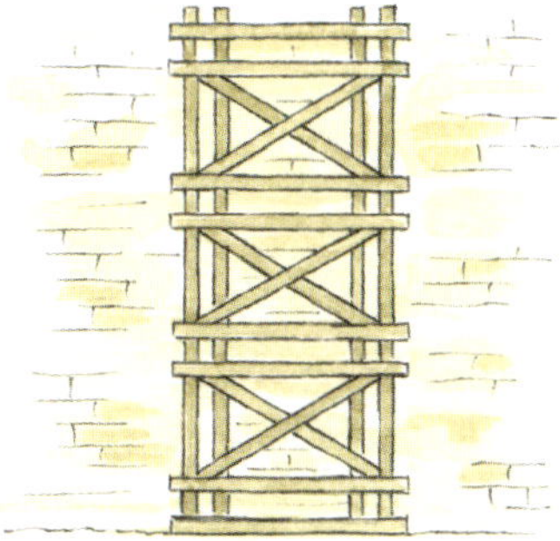

平らな格子 Flat trellis

つるバラは、柔らかな茎を絡ませることによって、簡単に格子に仕立てることができる。また、平らな格子を用いれば、見苦しい壁やフェンスを覆い隠すことができ、それ自身が装飾的であれば、バラが葉や花を落としてしまっても、魅力的なままである。

格子構造 Trellis structures

支柱なしで自立する格子は、元気のよいつる性の植物にぴったりだ。大きな形式張ったローズ・ガーデンでしばしば見られるように、格子構造は、特に壮大で優雅な情景にぴったりで、冬には構造を加える。

ノットガーデン *Knot Gardens*

ボートン・ハウス
英国、グロスターシャー州
Bourton House, Gloucestershire, England

この種のオープンノットデザインでは、刈り込まれたツゲ属の樹木が、形の一部を満たし、垂直方向の趣きを加える。このノットデザインでは、中央に一段高い池が組み込まれている。

15世紀初期からパルテール（ラテン語の*per　terre*、地上にという言葉に由来する）という用語が、ある種の装飾的な花壇に対して用いられた。幾何学的なレイアウト（しばしば正方形）は、ペルシア風の庭の単純な四部構成の計画から発展したものである。デザインは単純なものも複雑なものもある。各4分の1は対称であってもよいし、紋章などのデザインを含んでもよい。英国ではノット・ガーデンとして知られ、たいていはツゲ属、ジャーマンダーかサントリナの背の低い刈り込まれた生け垣から形成され、上から見られるよう意図されている。

シンプルノット Simple knot

シンプルノットは、1種類の植物から形成されている。常緑樹を用いることで、一年を通して花壇が美しく見えるため、庭のエントランスのような非常によく見える場所にあることがわかるだろう。

複雑なノット Complex knots

普通はツゲ属、ラベンダー、ローズマリー、ヘンルーダなど、さまざまな色合いの緑の葉を持つ植物を用いて、非常に繊細な効果を出すことができる。うまく刈り込めば、植物は互いにねじれて絡み合い、本当のノット(結び目)のように見える。

オープンノット Open knots

オープンノットとして知られるものでは、デザインは、背の低い常緑樹の間をさまざまな色彩の材料で満たされた形で飾られる。伝統的には、チョーク、石炭、煉瓦くずを用いていたが、今日では色をつけた砂利が見られるだろう。

クローズノット Closed knots

クローズノットでは、デザインの隙間はさまざまな花をみっちりと植栽される。それらは季節に応じて変化する。例えば、春には球根植物が、続いて明るい色彩の一年生草本、そして、冬にはむき出しの土、という具合に。

パルテール *Parterres*

ピットメイデン ガーデン
スコットランド、アバディーンシャー
Pitmedden Garden, Aberdeenshire, Scotland

オープン区画とクローズ区画があり、後者は季節ごとに変化する花で埋められている。6つのパルテールには、5マイルの生け垣が組み込まれている。

ノットガーデンと同じパレットの材料を用いた偉大なイタリアルネサンスの庭のパルテールは、英国のものよりも、デザインの大きさと複雑さの点で野心的である。17世紀と18世紀、フランス人は、慣行を発展させて改良し、さまざまな様式を区別するための全体の言葉遣いをつくった。区画のパルテール（*parterres de compartment*）は、水平方向にも垂直方向にも対称である。刺繍のパルテール（*parterre de broderie*）は、当時の密に刺繍された洋服のデザインの精巧さに基づいており、池で構成された水のパルテール（*parterre d'eau*）まである。

芝のパルテール Turf parterre

英国式パルテールは、刺繍のパルテールよりも簡単で、刈り込んだ芝生や、時にはカモミールなどの背の低いハーブのデザインである。ガゾン・クーペは、芝の中に形を刈り込んで砂や砂利を敷いたもの（またはその反対）である。いずれも、複雑さの点で多様であるが、他のパルテールに比べて精巧さや色彩の点では効果が小さいため、家屋からさらに遠くに配置される。時には、一段低い所に配置されたパルテールもあり、そのパターンは高い位置から見るとよく見える。

薬草園 *Herb Gardens*

薬草に特化した庭には長い歴史があり、これらのよい香りのする植物は、薬用、食用、家庭での利用に重宝されて、庭づくりをする人たちによって最も早い時期から栽培されていたものだ。しかし、世界の素晴らしい薬草園の一つでないかぎり、今日訪れる薬草園の大部分は、伝統的なデザインの模倣か現代的に解釈されたものである。ノットガーデンで形式に沿って育てられても、もっと自然に混植された縁取り花壇に組み込まれていても、ハーブのほのかな色と香りは、他の植物群では及ばない歴史のロマンスやノスタルジアを添える。

成熟した薬草園
Mature herb garden

多くのハーブのゆったりと育つ性質は、かつての修道院のよく手入れされた薬草園のように、あまり形式張らずゆったりとしたレイアウトによく合うようだ。

小道 Paths

ハーブは、煉瓦や石畳の間のすきまでも育てることができる。これは、クリーピングタイムやカモミールなど、地面を這う品種に特に適している。この方法でつくられている小道を探そう。

植栽パターン Patterns

ハーブは、敷石を用いて輪郭を描き、車輪のパターンに配置すると見栄えがよい。日時計や背の高いポットなどを“スポーク”の中心に置くことで、高さを加えることができる。

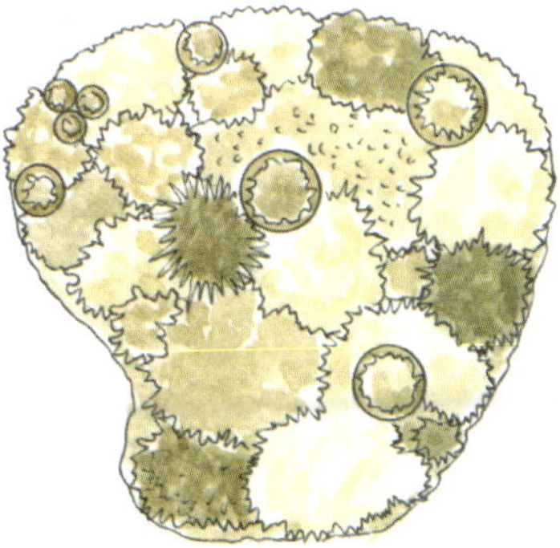

砂利 Gravel

多くのハーブは、暑くて乾燥した地中海地域に起源を持ち、乾燥した排水のよい条件でよく育つ。砂利によって、完璧な生育環境が整う。このように円形の配置で形式張らずに植栽されているのをよく見るだろう。

花壇 Beds

かなり大きな土地ではなく、ハーブに特化した単一の花壇（しばしばレイズド・ベッド）だけをもつ庭もある。時には、芝生の中に島状花壇のように配置され、背の低いハーブが植栽されると、豪華なタペストリのように見える。

ボッグ・ガーデン *Bog Gardens*

水路を開拓する
Exploiting a watercourse

庭をつくる人にとって、庭に自然の水路が流れていることは幸運だ。そうした幸運に恵まれなかった人は、大きな池の端にボッグ（訳注：沼のようなもの）をつくることが多い。

ボッグ・ガーデンは、装飾的な水の庭で見られる開けた噴水や池とちがって、神秘的な雰囲気を持っている。ボッグという言葉は、厳密には池の際に見られる柔らかくぬかるんだ地面を指し、水が流れ出し有機物と出会い、栄養分の豊富な沼地のような環境を作り出し、多くの湿気を好む植物の生息地や野生動物の生息地になっている。これらの庭の最もよい例としては、明るい林を通って曲がりくねって進む浅い流れの縁を利用して、流水と止水を提供することによって作られるものがある。

水辺植物 Marginals

池の端で見られる水浸しになった土壌を好む植物は、水辺植物として知られる。それらには、アヤメの仲間、リュウキンカ、ミムラス、ザゼンソウなど、最も魅力的な春と夏の花のいくつかが含まれる。

アクセントになる植物 Accent plants

池の植物は、池や小川の縁の栄養塩が豊富な環境では適応できない。しかし、これらの条件でよく育つ種は、水際で青々と育ち、しばしば色鮮やかなアクセントを与える。

規 模 Scale

そびえ立つようなグンネラや、やや小さい近縁種マルバダイオウがあれば、ボッグ・ガーデンがうまくいっている確かな証拠である。正しい条件を与えれば、通称ジャイアント・ルバーブという名を持つこれらの植物は背丈よりも高く育つことができる。

観葉植物 Foliage

多くの花でアクセントをつけても、実際、ボッグ・ガーデンは、ドラマチックな観葉植物がすべてである。さまざまな形、サイズ、色の葉が、互いに深く重なり合って育ち、光と影の豊かなコントラストを作り出す。

甘い香りの庭 *Sweet Scented Gardens*

視覚以外の感覚を刺激することを主目的とする庭は、よい香りの庭、感覚の庭、アロマガーデンなどとして知られる。こうした庭の物理的な特徴には、誘導用ブロック、点字看板、触れることができる彫刻、美しい音の風鈴などがあるが、最も重要な特徴は、はかないもの、つまり香りである。香りの庭に植えられる花は、色や形ではなく、何にもましてよい香りで選ばれるため、現代的な品種よりも古くからあるわずかな変種を見出すことがよくあるだろう。これらには、鳥や昆虫を引きつけるという利点もあるので、忘れずに、耳を傾けると同時に息を吸い込もう！

香りの花壇に囲まれて腰掛ける場所 A place to sit amid fragrant beds

夏の間、腰掛けは、庭の香りと眺めを十分に楽しめる場所に置くべきである。ラベンダーの香りは、特に落ち着くので、そこから離れたくなくなるだろう。

位置 Position

香りのよい花の効果を完全に楽しむには、それらの花が、私たちの鼻の高さにある必要がある。バラ、ジャスミン、セイヨウスイカズラなど、非常に香りの強い蔓植物をアーチや戸口、パーゴラの周りに植栽することで、香りがしやすくなるだけでなく、風に乗ってくる香りも強くなる。

レイズド・ベッド Raised beds

多くの植物は、葉が少し傷ついた時に素晴らしい香りを放つ。腰の高さのレイズド・ベッドからあふれんばかりのセージ、ラベンダー、ニオイゼラニウムなどを見ると、訪問者は、指で葉を優しくこすって、その素晴らしい香りを楽しまずにはいられない。

小道 Paths

誘導用ブロックが設けられ、香りのよい植物を植えたレイズド・ベッドと組み合わせた小道は、視覚障害者や弱視の人のために特別につくられた多くの庭の特徴である。これらの庭は、1930 年代後期に起源を持ち、今では多くの国の都市公園で見られる。

腰掛け Seats

甘い香りの植物に取り囲まれた日の当たる腰掛けは、風に乗ってくるさまざまな香りを座って楽しむのに完璧な場所になる。このように近い場所にいると、香りの楽しみだけでなく、無数に飛ぶ昆虫の心地よい羽音など、音の楽しみも得られるのだ!

旅をする植物 *Travelling Plants*

アビーガーデン
英国、
シリー諸島トレスコ
Abbey Gardens,
Tresco, Isles of Scilly,
England
穏やかな気候のコーンウォール沖にあるシリー諸島では、多くの扱いが難しい外国産の植物がよく育つが、それらは、本土では生き残るのが難しい。

“外国産植物”は、もともとの生息地の外で育てられている植物をいう。何世紀にもわたって、世界中の造園家は、より多くの種類の外来の変種をより多くの場所で育てられるようにしようとしてきた。依然としてその傾向があり、多くの大規模な庭で、亜熱帯や地中海地域の外国産植物を目にするだろう。多くの地域での気候変動は、かつては扱いにくいとされていた植物が今では穏やかな冬に生き残ることを意味する。水利用に関する懸念は、乾燥耐性のある植物を砂利に植えて、降水による給水だけで育てる「乾燥した」庭の実験を促進してきた。

異国風の植物 Exotic plants

これらの庭は、建築的または装飾的な特徴よりも、そこに生育している植物によって見分けがつくだろう。レイアウトは形式張ったものも形式張らないものもあるだろうが、その場所のトーンと質感を決めるのは植物である。

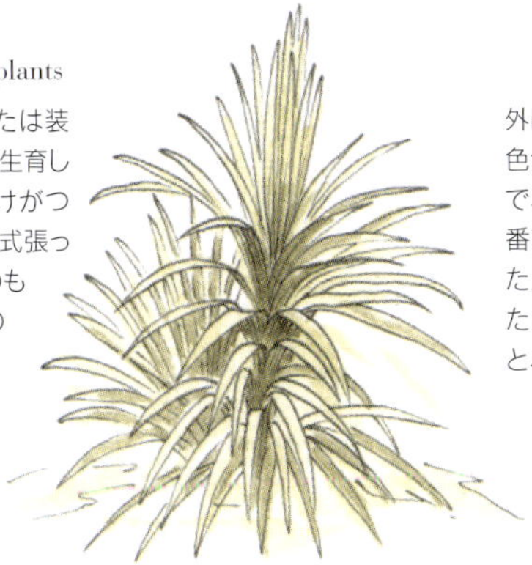

季節 Season

外国産の植物の植栽は、花や葉の色がいっそう生き生きして見えるので、日の当たる場所にするのが一番よい。涼しい気候では、こうした庭は晩夏と初秋に全盛に達するため、その時期に合わせて訪れると、最もよい時期を楽しめる。

花 Flowers

ダリアやカンナなど、生き生きした色彩の花を探してみよう。竹、ヤツデ、パンパスグラス、バナナ、リュウゼツラン、ユッカ、そしてもちろんどこにでもあるヤシといった背の高い構造をした葉によって、ジャングルのような雰囲気が醸し出される。

起源 Origin

うまくいっている外国産の庭には、まとまった感じが必要である。その好例は、英国コーンウォール州のエデン計画であり、そこでは、いくつかの巨大なバイオームに熱帯雨林や乾燥耐性のある地中海で見られるような非常に特殊な条件に適応した植物が展示されている。

美しく生産的な庭 *Beautifully Productive*

芸術的であり食べられる

Artistic and edible

美学と秩序によって、このポタジエの配置は決定され、それらは、非常に豊かな収穫の欲求よりも優先する。

ポタジエは、フランス語で装飾的な菜園または家庭菜園という意味である。この庭の美的な側面と生産物には同等の関心が払われる。ここでも他の菜園と同じ植物を目にするだろうが、ずっと芸術的に配置されている。タマネギとキャベツの整った列が、装飾的な花に沿ってならび、低いツゲ属の生け垣に囲まれてズッキーニやキンレンカが不規則に広がり、トピアリーの形が、花壇の中心を強調する。植物は、従来の菜園よりも互いに近くに植えられ、たいていは、局所的なポイント、おそらく果物のなるアーチや散歩道がある。

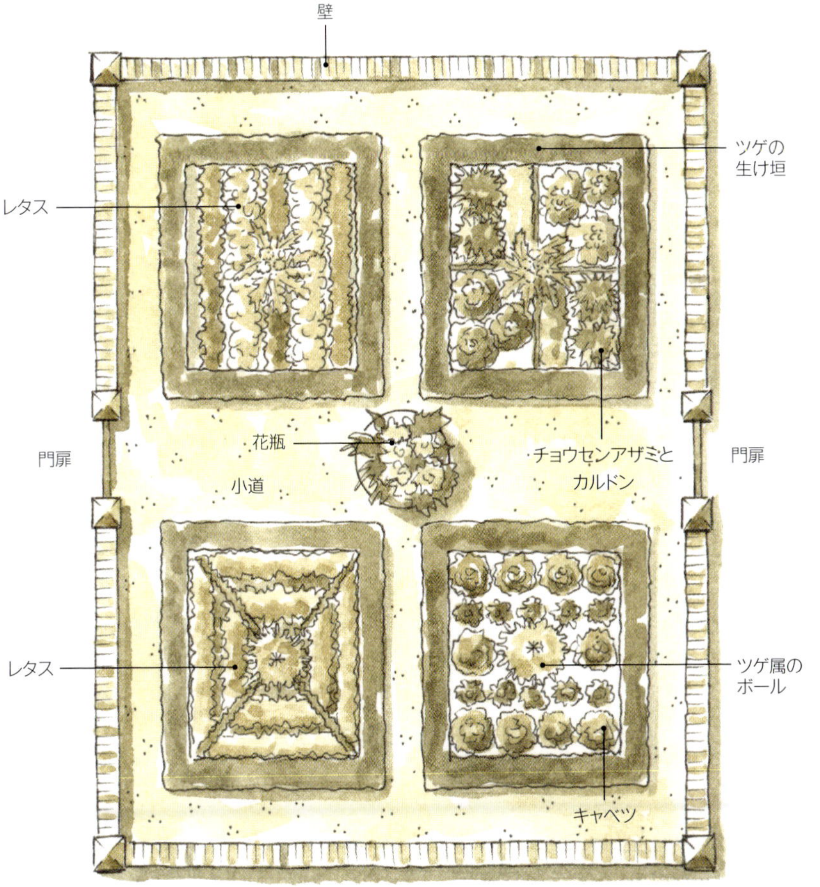

ポタジエ The potager

ポタジエには、装飾的な野菜、ハーブ、果物、(しばしば食用の) 花を織り交ぜて幾何学模様に配置する。堂々としたチョウセンアザミや先のとがったカルドンは、大きな深く切れ込んだ銀緑色の葉と大きな丸い頭部を持ち、葉が茂ったレタスは、なめらかな、または波打った風合いを持ち、非常に淡い緑色から深い紫まで魅力的な色のパレットを提供する。小道、ツゲ属の生け垣、ポットは、デザインにアクセントを与え、豆類等のつる性の一年生草本を支える杖や、カボチャを支える頑丈なフレームによって、垂直方向の趣きが提供される。

食用植物の庭 *Edible Gardens*

悲しいことに数十年無視されてきたが、多くの壁に囲まれた家庭菜園が、ここ数年の間に復権してきた。しかし、美しく装っても、これらの空間は、機能的な雰囲気を残している。ここにあるものの一部を見るだけでも、これらがかつてはどれだけ賑やかな場所だったかがわかる。温室や（果物や野菜を育てるための）温床、菌床、（植え付ける前の実生のハードニングのための）低温フレーム、蔓植物のハウス、（パイナップルのための）温室、（メロン、ルバーブ、イチゴなどのすべての種類の果物の促成のための）促成ピット、そして最も重要な堆肥の山を探してみよう。

家庭菜園
The kitchen garden

この舗装された道は、ちょうど一輪車が通れるくらいの幅で、植物の支柱は、装飾的というより強くて頑丈である。両方とも機能的である証拠だ。

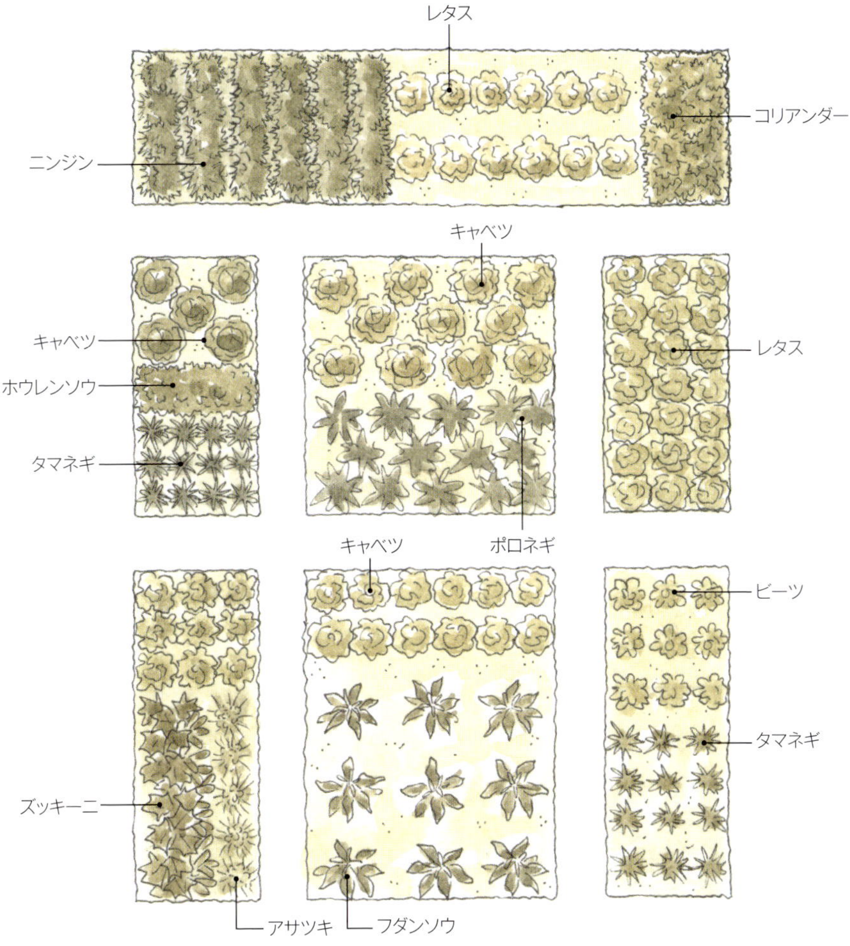

野菜畑 Vegetable plot

典型的な野菜畑は、長方形の畑であり、地表面の高さにあるか盛り土がしてあり、世話がしやすいように小道の近くに配置されている。畑は、作物を輪作するために、区画に分けられている。一群の植物は、病気を抑えるために毎年他の畑に植えられる。畑に植えられる花は“有用な”ものであることが多く、例えば、アサツキのようなハーブ、捕食性の昆虫を撃退するのに有効なマリーゴールドやヒソップなどの植物がその例である。これは、コンパニオン植栽として知られる。

家庭菜園用品 *Kitchen Garden Paraphernalia*

何百年もの間、実り多い菜園と果樹園は、規模と育てているものの種類に差こそあれ、つつましいコテージの庭と同様に、大邸宅の大きな特徴だった。英国の「勝利のために畑を耕そう」というキャンペーンや米国でのヴィクトリーガーデン（訳注：戦時中の家庭菜園）など、戦時中のキャンペーンが終わると、第二次世界大戦後には、家庭での食料生産は徐々に失墜した。しかし、多くの若い庭づくりをする人々の間では、最近になって食料生産が再び人気を取り戻している。よく管理された家庭菜園を訪ねると、耕作方法や技術、過去の道具に関して興味をかき立てる見識を得ると同時に、元気づけられるし、ためになる。

促成ポット
Forcing pots

これらの促成ポットのような数多くの実用的なものは、機能的であるだけではなく美しくもあり、多くの割れやすいオリジナルのものは、今やコレクターズアイテムになっている。

ガラス鐘 Bell-jars

18 世紀と 19 世紀の大きな家庭菜園は、貴重な作物に大きな注意を払うスタッフをたくさん雇っていた。霜や雨から個々の植物を守るために、厚いガラス鐘が用いられた。今も残っているオリジナルを見ることもあるだろう。

ハンドライト Hand-lights

もっと洗練された道具は、ガラスが鉄のフレームにはめ込まれたハンドライトだった。これらは、保護のために植物の上に被せる小さな温室と考えられる。換気をよくすることができるよう、小さなドアを開けることができた。

収納箱 Forcers

今日でもまだ使われているが、ルバーブとシーケールの収容箱は、若い植物の上に被せられる大きなテラコッタの壺である。日光を弱めることで、文字通り“力ずくで”植物が上に伸びる力を引き出し、望ましい長く淡い色の茎をつくる。小さいふたで中身を確かめることができる。

水用の二輪手押し車 Water barrow

ホースや潅漑システムができる前には、水は二輪手押し車やカートで庭中に運ばれていた。設備の整った家庭菜園では、水を抜いた池の跡を見ることがあるだろう。

自然を形づくる *Shaping Nature*

LANDSCAPE FEATURES

景観の構成要素

LANDSCAPE FEATURES

はじめに *Introduction*

自然をもっとよく見せる
Enhancing nature
あきらかな手入れが地物の配置に取り込まれている庭では、緩やかな地面の盛り上がりが自然のものであることは全くありそうにない。

庭はすべてが技巧である。大きくても小さくても、派手でも地味でも、何らかの方法で、庭は物理的な世界を再配置するという欲求を表現している。次に庭を訪れた時には、もっと探してみよう。この風景は、徹底的に改造されているのか？　手前に何もない完璧な形をした丘があるか？　なだらかに起伏している芝生は、どのようにして、継ぎ目なく羊の牧草地につながっているのか？　この曲がりくねった湖をつくるために、小川を堰き止め迂回させたのか？　多くの造園家は、自然のものをさらに高めることに力を注ぐが、必ずしもそうとは限らない。庭の中には、完全に人間の努力の産物というものもある。

地形 Terrain

地形明らかなものを見落としてはならない！　手入れされた芝生、起伏のある牧草地、花でいっぱいの草地を問わず、足元の地面の様子は、人為的な決定、選択、そしてメンテナンスの結果であり、偶然の産物ではない可能性がある。

地形学 Topography

歴史を通して、庭をつくる人たちは、景観を再構築するためにどんなことでもやってきた（そして、多くの人は今でもそうしている）。完成した結果が、完全に自然なものに見えるか、意図的につくられた人工物に見えるかに注意し、何故これが望ましい効果をもたらしているのかを問いかけてみよう。

水 Water

庭がつくられ始めて以来、水は非常に重要な構成要素であった。庭の境界内に自然の湖や小川がある庭は、すばらしい利点がある。水の扱いは難しく、お金がかかるのだ。

装飾 Ornament

景観を再構成するのに加えて、庭をつくる人たちは、装飾的なものとして植物や水といった生きた要素を用いることが多い。その効果は、さまざまで、雄大な雰囲気を加える効果から遊びの感覚を取り入れる効果まで、さまざまである。

「わが家」の緑の芝生
The Green Grass of "Home"

道筋を提供する
Providing a route

庭を散策する訪問者は、念入りに刈り込まれた小道によって親切に導かれる。小道は、ランダムな景観に道筋を提供する。

"芝生"という言葉は、風景公園に典型的な広々とした穏やかな起伏の草地を指すこともあるし、住まいの外のハンカチほどの広さの草地を指すこともある。いずれにしても、草の涼しい緑の広がりは、建造物、にぎわいのある縁取り花壇、垂直に立つ生け垣の間で、目を休ませる場所として役立つ。草刈りに機械が広く導入される前には、広大な芝生は富の象徴であり、大鎌を操る庭師たちを大勢雇って、乱雑な自然をコントロールする経済的能力を誇示するものだった。今でも、高いレベルで芝生をメンテナンスするには、お金も時間もかかる。

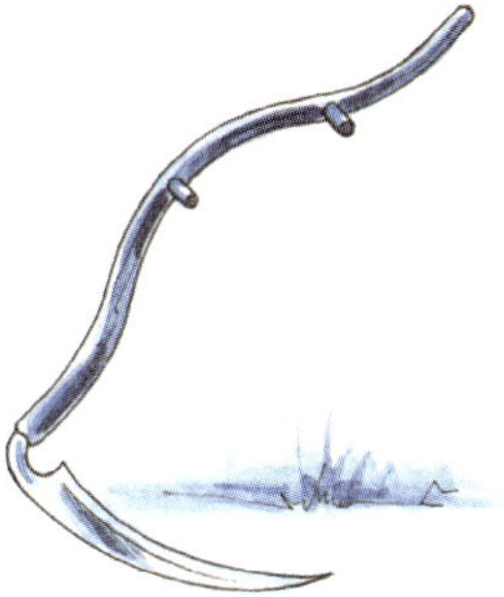

大鎌 Scythe

動物に草を食ませないかぎり、大鎌として知られる非常に効果的な道具が、ローマ時代から19世紀まで芝生を刈り取るのに使われていた。この熟練した作業では、列になった一団がゆっくりと進みながら草を刈り、素晴らしい結果を生み出していた。

草刈り機 Mower

草刈りは、1830年に機械式の草刈り機が発明されて革命的に変わった。初期のモデルは、馬にひかせる（馬は芝生を保護するために革製の“ブーツ”を履いていた）か、手押しだったが、後に蒸気式や石油で動くものになった。

ローラー Roller

完璧な芝生は、平らでなめらかでなければならない。そのために、重いガーデンローラーを用いて芝生をつくり維持するのだ。もともとは、石や木でできていたが、19世紀に鉄製のローラーが一般的になり、でこぼこのない草地をつくるために広く用いられた。

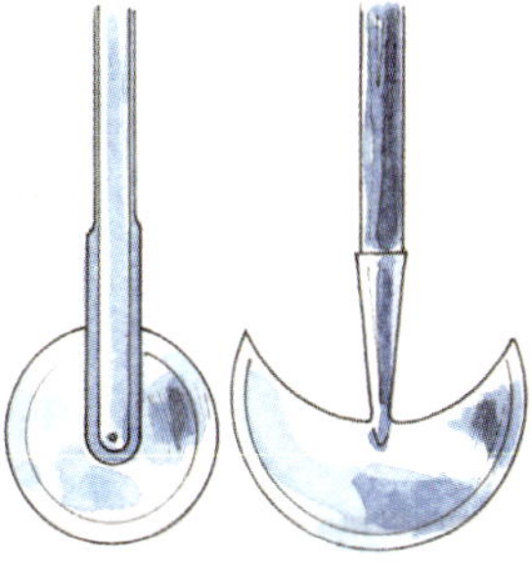

刈り取り道具 Edging tools

なめらかな緑の草地は、花壇や縁取り花壇のきちんとした鋭いエッジや、両側を刈り揃えられた小道によって引き立てられた。現代の造園家も、このような外観をつくるために、回転式ホイールや半月型カッターなどの伝統的な道具を用いている。

花咲く草原 *Flowery Meads & Meadows*

機械的に刈り取り、農薬で雑草処理をするようになる前、芝生は、今日私たちが野草の草原として思い浮かべるものにもっと近かった。イネ科の草本に混ざって、カモミール、タイム、フランスギク、ツルニチニチソウ、クローバーなどのさまざまな花をつける植物が生えていた。昔ながらの草原は、農作業の変化によって危機に瀕しており、悲しいことに多くの古来のお手本が失われてきた。近年、より伝統的な庭の背景の中で花の咲く草原をつくることによって、バランスをとろうとしている庭師もいる。

真夏の草地
Midsummer meadow

田園地帯の広々とした草原はかなり素晴らしいが、小規模な場所（道端など）も、注意深く野草を育てるようにすると、非常に効果的になる。

季節 Seasons

一年を通して一様に緑である芝生と違って、草地は季節ごとに姿が変わる。晩冬の草地は、グラウンドにしか見えないかもしれないが、春や晩夏には、色と香りのかたまりになる。

管理 Management

草原を思い通りに維持するには、植物が花を咲かせて種をつけたら、一年のうちのある時期に草を刈り取って取り除くなど、注意深い管理が必要である。野草は、貧弱な土壌でよく育つので、栄養分の豊富な刈り取った草は、腐るまで放置しておくべきではない。

刈り込まれた小道 Mown paths

長い草の中を曲がりくねって進む刈り込まれた小道は、調べてみる価値がある。庭の周辺で見られることが多いが、これは草地の領域が定着しつつあることを示しうるものだ。古い果樹園は、たいていは薬剤処理をあまり施されていないので、適切な場所になる。

野生動物 Wildlife

薬剤を使って維持された芝生と全く正反対のものとして、草地は、あらゆる種類の野生生物にとって重要な生息地を提供する。花の中に静かに腰掛けて、あなたの周りにいる文字通り何千もの昆虫や鳥の羽音やさえずりに耳を傾けよう。

庭のスポーツ *Garden Games*

キングストンモアワードガーデン
英国、ドーセット州
Kingston Maurward Gardens, Dorset, England

大きな格式張った庭では、専用の"ガーデンルーム"や区画があり、スポーツ用の芝生を目にすることがよくある。試合がない時は、これらの緑の草地は、静かなオアシスになる。

芝生の上で行うスポーツ専用の場所を庭の中に設けるのは、中世以降普通に見られるようになった。軽く草を刈った平らな芝生は、クロケットやボーリングのために使われる芝生を連想させるかもしれない（グリーンの中央部に向かって徐々に高くなるのは、平坦なグリーンよりも山になったグリーンの方が、ボーリングゲームが難しくなることを意味する）。ローンテニスのコートは、見えないように高い垣根の後に隠れていることが多い。都市公園には、クリケット、野球、サッカー、ラグビーなど、庭では普通は見られないようなスポーツ専用の場所もある。

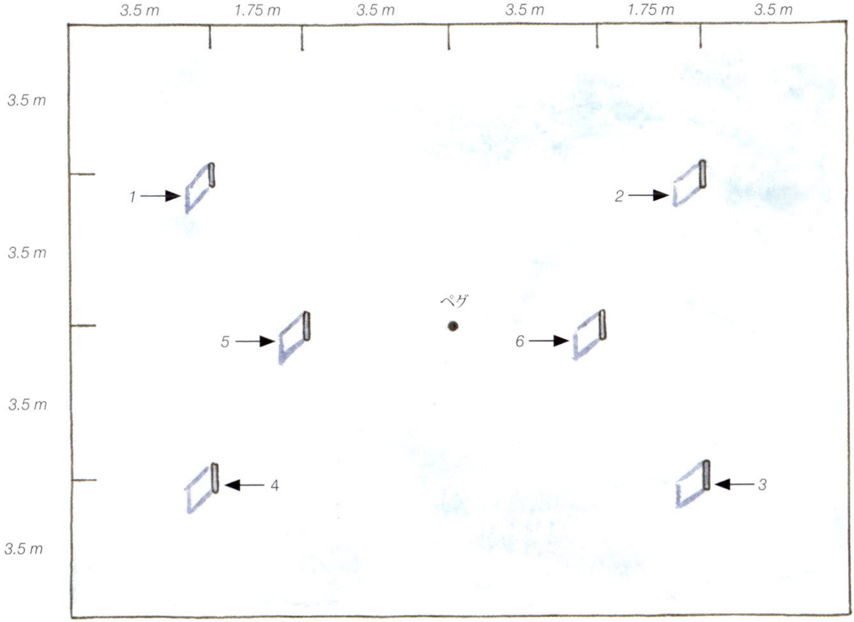

クロケット用の芝生

Croquet lawn

一般的なイメージでは、終わることないエドワード朝時代の夏の日の午後とノスタルジックに結びついているが、クロケットは、多くの国で今でもプレイされており、米国ほど競技が盛んな地域はない。クロケットの前身となったクローキーとよばれるスポーツは、1852 年にアイルランドから英国にもたらされ、すぐさま人気を博し、多くのイギリス連邦諸国に広がった。女性が男性と対等にプレイすることができる最初のアウトドアスポーツの一つであり、それが、週末のカントリーハウスのパーティーでの人気の理由だったようだ。

クリップアート Clip Art

トピアリーは、植物を装飾的な形に刈り込むアートである。自然を作り直したいという造園家の欲求の極端な例であり、トピアリーガーデンで見られる左右対称の形に育つような樹木や灌木はない。ローマ時代かそれ以前に遡ると、紀元2世紀トウーシ（Tusci）のプリニウスの庭には、手の込んだトピアリーが数多くあり、程度の差こそあれ、それ以来廃れることはなかった。庭を訪れると、立方体、ボール型、ドーム型、ピラミッド型、オベリスク、鳥や動物の形をした一般的なトピアリーのデザインに慣れ親しむようになるだろう。

トピアリーの家禽
Topiary poultry

強固な建築形態や構造を庭に与えると同時に、トピアリーは、庭を訪れる人に楽しみや喜びや驚きをも与える。

トピアリーの形
Topiary shapes

さまざまな幾何学的なトピアリーの形が組み合わされることが多く、例えば、立方体や円筒形の上部がドーム型に刈り込まれていたりする。トピアリーが次第に大きくなるにつれ、刈り込みが難しくなるために、元の形が歪むことが多い。

らせん Spirals

最も複雑な形の一つは、らせん形であり、トピアリーアーチストの技術が真に試される。このデザインでは、刈り込みのガイドとして樹木の周りに均等にひもを巻き付ける。葉の細かいイチイは、この方法に適している。

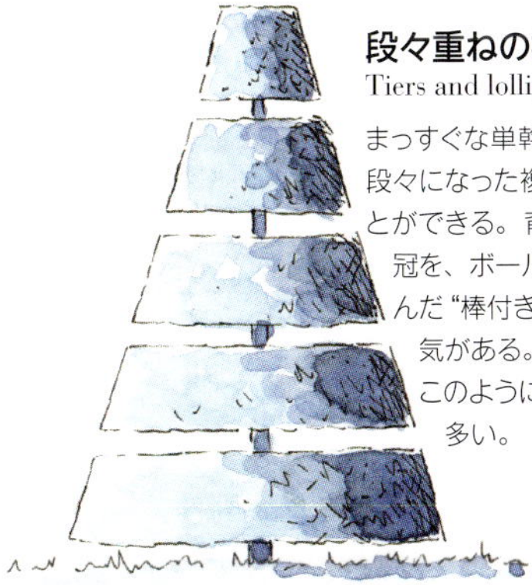

段々重ねの棒付きキャンディー
Tiers and lollipops

まっすぐな単幹の小さい樹木を使えば、段々になった複雑なデザインをつくることができる。背の高い単幹の樹木の樹冠を、ボール、箱、ハート型に刈り込んだ“棒付きキャンディー”の形も人気がある。セイヨウヒイラギが、このように刈り込まれることが多い。

動物 Animals

動物の形をした空想的なトピアリーには長い歴史があり、トピアリーに熱中している人たちに好まれ続けている。クジャクなどの鳥は、よくあるテーマであり、イチイの生け垣の上にクジャクが止まっているのを目にすることが多いだろう。

多目的の生け垣 *Versatile Hedges*

庭を訪れると、さまざまな機能を持つさまざまな生け垣をたくさん目にするだろう。背の高い生け垣は、囲いや保護の役目を持ち、壁をつくるよりもずっと安く、フェンスよりも長持ちする。それらは、印象的な並木道をつくるのに役立つのと同じくらい、装飾的なパルテールを縁取るのにも役立つ。イチイ、セイヨウヒイラギ、ツゲ属、月桂樹、イボタノキの常緑樹の生け垣は、格式張った庭でよく見られる。シデ類、ブナ、ライムのような落葉樹は、カントリーガーデンでは見栄えがするが、バラやエスカロニア、ハイビスカスなどの花咲く生け垣は、どんな庭にも素晴らしい美しさを加える。

ミーン・ライス・ガーデン
オランダ、デデムスファールト
Mien Ruys Garden, Dedemsvaart, the Netherlands

ここでは、革新的なオランダのガーデンデザイナーであるミーン・ライス（1904-99）が、ススキ属の壁を巧みに使って、後ろにある格式張った常緑の生け垣をまねている。

フランスの形式 French formality

上手に生け垣を刈り込んで、非常にうまく建造物を模していることがよくある。大規模なフランス式庭園では、樹木の列よりもずっと多く、壁やアーチ、壁の穴に似せて精密に形づくられたものが存在する。このイチイの生け垣は、銃眼のあるお城の壁のような形になっている。

オランダの伝統 Dutch tradition

その歴史を通して、オランダでは、吹きさらしのオランダの景観と薄い土壌に生える樹木よりもよく育つため、生け垣が多く利用されてきた。ヘット・ロー宮殿では、完全に生け垣でつくられた並木道に、扉と窓が開いている。

日本式生け垣 Japanese hedges

日本では、ツバキや柊が生け垣の材料として一般的で、上に向かって育った高い生け垣、壁、そして分厚い竹柵を目にするだろう。高い生け垣の前に対照的な低い生け垣を作ることで、同じような段々になった効果が得られる。

田園地方の生け垣 Country hedges

田園地方の庭は、自生の落葉樹が入り交じった生け垣が境界となっていることが多い。冬に、伝統的な重なり合った垣根を探してみよう。古い木から切り出した杭が地面に打ちつけられ、垣根の残りの部分は編み込みになっていて、厚い壁をつくっている。

ガーデンルーム *Garden Rooms*

シシングハースト・キャッスル
英国、ケント州
Sissinghurst Castle, Kent, England

ほとんどの庭は、地面の高さからしか見ることができないが、見晴台のおかげで、シシングハーストのガーデンルームは、高いところから楽しむこともできる。

背が高く密度の高い生け垣は、イチイやブナであることが多いが、しばしば「ガーデンルーム」と呼ばれる仕切りや区画をつくるために、庭で用いられる。こうした生きた壁は、庭に骨組みと構造とを与え、個々のガーデンルームで異なる雰囲気やテーマを試すチャンスを庭のデザイナーに与える。バラなどの1種類の植物だけを植えたガーデンルームや、季節ごとのテーマでまとめられたガーデンルーム、暖色系または寒色系で統一された植栽のガーデンルーム、芝生や装飾的な花壇などの対比で空間を特徴付けるガーデンルームを探してみよう。

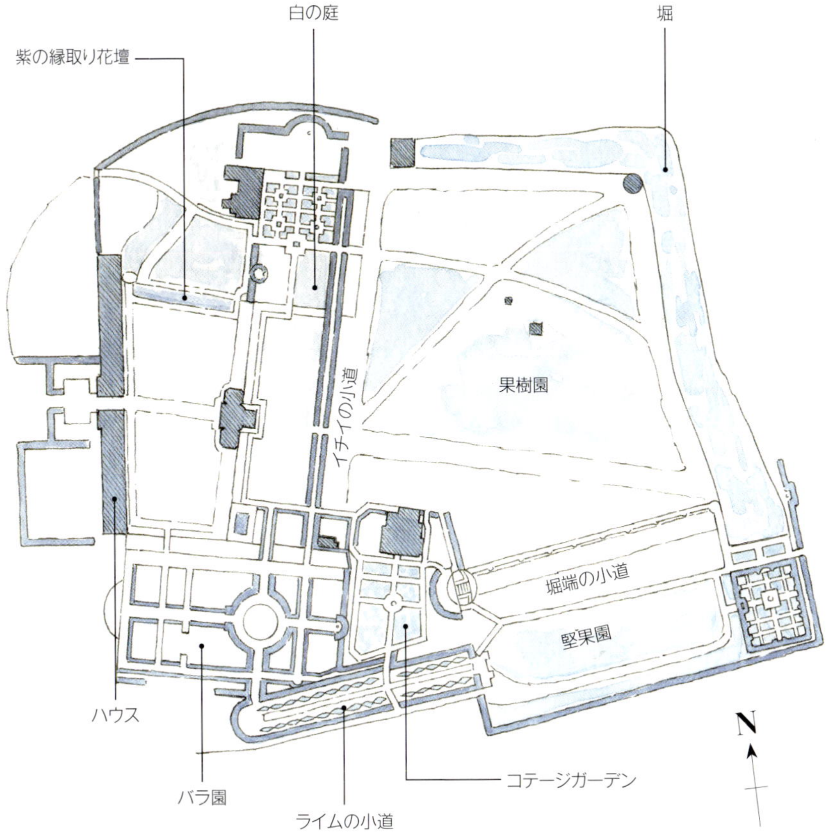

シシングハーストの図面 Plan of Sissinghurst

ヴィタ・サックヴィル=ウェストの夫、ハロルド・ニコルソン（1886-1968）は、1930年代の初めにシシングハーストの庭のレイアウトをデザインした。この図面は、進歩的な生け垣（シデ類、ツゲ類、イチイの生け垣）によって、もともとの ブロック塀の廃墟を巧みに拡張させたことを明確に示している。イチイの小道に高くて狭い生け垣でつくられた劇的なビスタが、果樹園の隣の開けた空間と対照をなしていることに注目しよう。隠れ家のような囲いによって、庭が実際よりもずっと広く感じられる。

ガーデンパズル *Garden Puzzles*

迷宮や迷路（厳密には正確ではないが、この用語はしばしば同じ意味で使われる）の起源は、時が経てば失われる。最も初期のものは、神秘的で象徴的な意味を持っており、単純で平坦な形に、芝を刈り込んだり、煉瓦や小石で縁取ったりしたものだった。単純なパルテールのように花の咲く植物でつくられているものもあった。現在よく見られる生け垣迷路の形は、17世紀に一般的になった。これらは、その中で迷子になる人にスリルを与えることを目的とする本物の3次元のパズルである。大規模な迷宮や迷路は、森の中を抜けるようにつくられた。

グレンダーガン・ガーデン
英国、コーンウォール州
Glendurgan Garden, Cornwall, England

疑問を抱く喜びと迷路の中で迷うという娯楽がなくても、高いところから眺めると非常に装飾的でもある。

迷 宮 Labyrinth

本当の迷宮は、複雑であるとしても合理的であり、一つの地点につながる一本の道を持つようにデザインされる。罪深いこの世を横切らなければならない清浄に至る真実の道という宗教的な理念を象徴的に表現したものである。

円形迷路 Circular maze

本当の迷宮の穏やかな確実性とちがって、迷路につきものの袋小路は、訪れる人にいらいらと憤慨を与える! ルネッサンス時代以来、迷路は、娯楽や楽しみのために、遊びと装飾の雰囲気を付け加えることを前提としていた。

目的地 Destination

迷路の中央で（ゴールに到着したら）、おそらくパビリオン、噴水、樹木などを見つけることが多い。ずっと手の込んだものには、まだ道に迷っている人を盗み見るために、築山や展望台、低い場所になっているものもある。

植 物 Plants

背の高い常緑の生け垣は、見通すことができない壁となり、位置の感覚を奪ってしまうのに最高の植物だ。しかし、現代の迷路には、竹やトウモロコシ（つまり"メイズ・メイズ（訳注：トウモロコシを英語で"メイズ：maize"、迷路を"メイズ：maze"という）などのずっと軽い材料からできているものもある。

LANDSCAPE FEATURES

目に見えない境界線 *The Invisible Boundary*

フローレンス・コート
北アイルランド、
ファーマナ州
Florence Court,
County Fermanagh,
Northern Ireland

ハハーは、富と名声の象徴である。土木機械の発明前につくられたこれらの擁壁は、鍬、シャベル、一輪車を使って、人力でつくられた。

隠れた障壁という考えは、かなたにある田園風景から庭を独立させるもので、古代中国の造園の伝統に由来する考え方である。ハハーは、壁や生け垣やフェンスなしに、なだらかに起伏した草原が広がっているという錯覚を作り出す草の生えた溝である。18世紀の風景庭園に望ましい眺望をつくりだすのに欠かせないものだった。ウィリアム・ケント、チャールズ・ブリッジマン（1690-1738）、“ケーパビリティー”ブラウンは皆、庭を自然の中に再び溶け込ませようとしてハハーを用いた。現代の例には、草を食む羊ではなくて、駐車場の自動車を閉め出すために最近ハハーを導入した米国のワシントン・モニュメントがある。

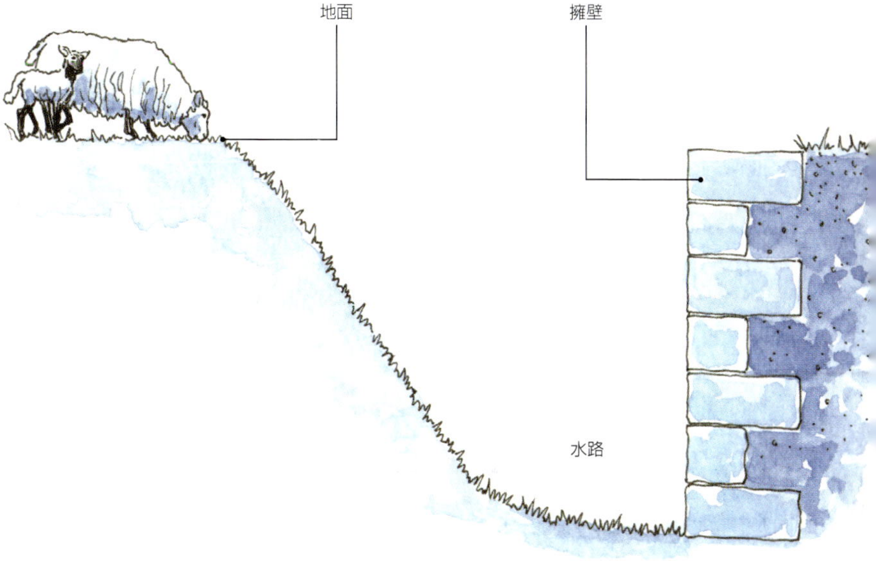

ハハー The ha-ha

ハハーは、深く沈んだ水路や堀であり、極近くでしか見ることができない障壁を形成する。その構造は、（放牧地側に）下の方に向かって緩やかに傾斜する高台が片側にあり、もう一方の側は、（庭の側に）石や煉瓦の擁壁がある。その目的は、フェンスの必要なしに草を食べる動物を公園や庭の外に閉め出し、農場のような景色を添えることである。“ハハー”という言葉は、何だろうと思ってぶらぶら歩いてきた人の感嘆の声に由来すると考えられている。

眺望と上演 *Prospects & Performances*

ヴィラ・リッツァルディ
イタリア、ベネト州
Villa Rizzardi, Veneto, Italy

この緑の円形競技場は、18世紀に遡り、ルイージ・トレッツァ（1752-1823）によってデザインされたずっと大規模な庭の一部を形成している。生け垣のくぼみに石像があるのに注意しよう。

かなりの規模で庭の地形を作り直すには、空間、資金、そして、ビジョンが必要である。庭やその向こうにある世界を見渡すための高くなった眺望は、常に人気がある。そのために、見晴らしのきく地点で終わる高くなった歩道、つまり砦として知られるものを見出すかもしれない。野外上演専用の場所である円形競技場によって、異なる視点が与えられる。古典的な円形競技場のデザインに基づいて、たいていはカーブして、芝に食い込んだ段の低い階段状のテラスからなっている。時に、樹木が背景として植えられている。

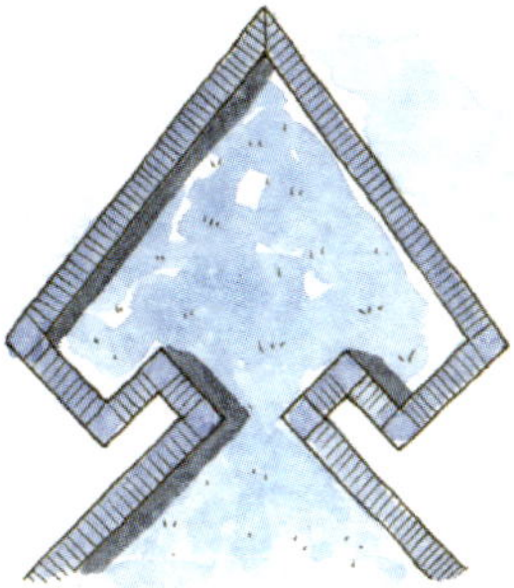

矢じり型の砦 Arrowhead bastion

伝統的に、砦は、防御設備としての目的を果たすため、壁に向かって、つまり、壁に対して斜めにつくられていた。その軍事的な関連性から、英国オクスフォードシャーにあるマルボロ公爵のブレナム宮殿の庭に砦を含めることは自然な選択であった。そこには、8つの砦がある。

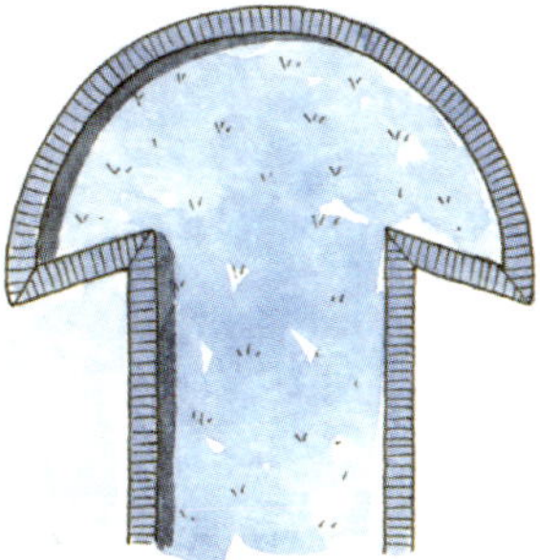

半円型の砦 Semi-circular bastion

前の矢じり型の形ほど尖っていないので、半円形の砦は、見た目がゆったりとしている。庭を越えて突き出しているため、この砦は、訪問者がそこから周辺の景色を楽しむことができる完璧な場所である。

円形競技場 Amphitheatre

演劇や音楽の野外上演は、庭の背景という舞台の中にうまく溶け込むため、今でも人気がある。新しい円形競技場が、1985年にヨーロッパ最大の都市公園のひとつであるミュンヘンの英国風庭園につくられた。

野外劇場 Outdoor theatres

イタリアルネサンスのヴィラガーデンには、*teatro diverdura* つまり緑の劇場として知られる場所があることが多い。常緑の低木や樹木が、背景や、演じ手が入退場する重なった袖になるように刈り込まれた。

築山 *Mounds & Mounts*

不自然に見える丘のような形を庭で目にしたら、たぶん人工的な築山だろう。登ることを意図しており、下に見える庭（特に、ノットガーデンやパルテール）や向こうの景観まで、広い範囲、しばしば全景を見渡すことができる。城や要塞を築いた古い小さな丘や城の外壁の名残からつくられることもあるが、多くは最初からつくられる。ごく最近の野心的なもののひとつは、スコットランドダンフリーズ州近郊のチャールズ・ジェンクスの「宇宙の思索の庭（Garden of Cosmic Speculation）」である。

ウェスト・ウィカム公園
英国、バックス
West Wycombe Park, Bucks, England

盛り上がった築山の上に建物を配置することで、庭の中での眺望を広げ、庭の中心として建物の重要性を高める。

ピラミッド型 Pyramid mound

最も単純な築山は、煉瓦や石でできた小さな丘であり、土や芝で埋め尽くされている。時に、ピラミッド型につくられたものを見るだろう。中世の築山は、紛争時には物見台、そして、平和時には庭の見晴台として機能した。

らせん型 Spiral mound

らせん型の築山は、とぐろを巻いた蛇型の築山としても知られ、丘をぐるりと巻くように小道がつくられ、容易に上り下りができるようになっていた。樹木や低木が、築山の上や周囲に植栽され、サマーハウスが頂上に建てられる場合もある。

階段型 Stepped mound

登りやすくするために、階段が築山につけられることも多い。左右の足を乗せる段が交互にジグザグに掘り込まれるか、もしくは、より格式張った階段が設置された。築山の扉を探してみよう。貯蔵庫や貯氷庫が隠されているかもしれない。

東洋風 Oriental mounds

人工的に見えることを意図したヨーロッパのモデルとちがって、中国や日本の築山は自然の景観を模したものである。砂岩やコンクリートでつくられ、樹木や低木が植栽されており、グロット（庭園洞窟）や滝が特徴であることが多い。

サンク・ガーデン *Sunk Gardens*

パックウッド・ハウス
英国、
ウォリックシャー州
Packwood House, Warwickshire, England

この一段低いところにある庭の段々の効果は、池のくぼみ、レイズド・ベッド、周囲の生け垣によって強調されている。

"サンク・ガーデン"という用語は、窪地につくられている庭に使われる用語である。地面の高低差は、たいていはかなり浅く、築山というほど明らかでない。よく知られているものに英国ハンプトン・コートのサンク・ガーデンがあり、池またはオランダ庭園とも呼ばれる（この呼び方は、くぼんだ地形が、おそらく最も人目をひく特質ではないことを示している）。今日、多くのデザイナーが、比較的狭い場所で特別な趣やコントラストをつくるために、わずかな高低差をうまく活かしている。

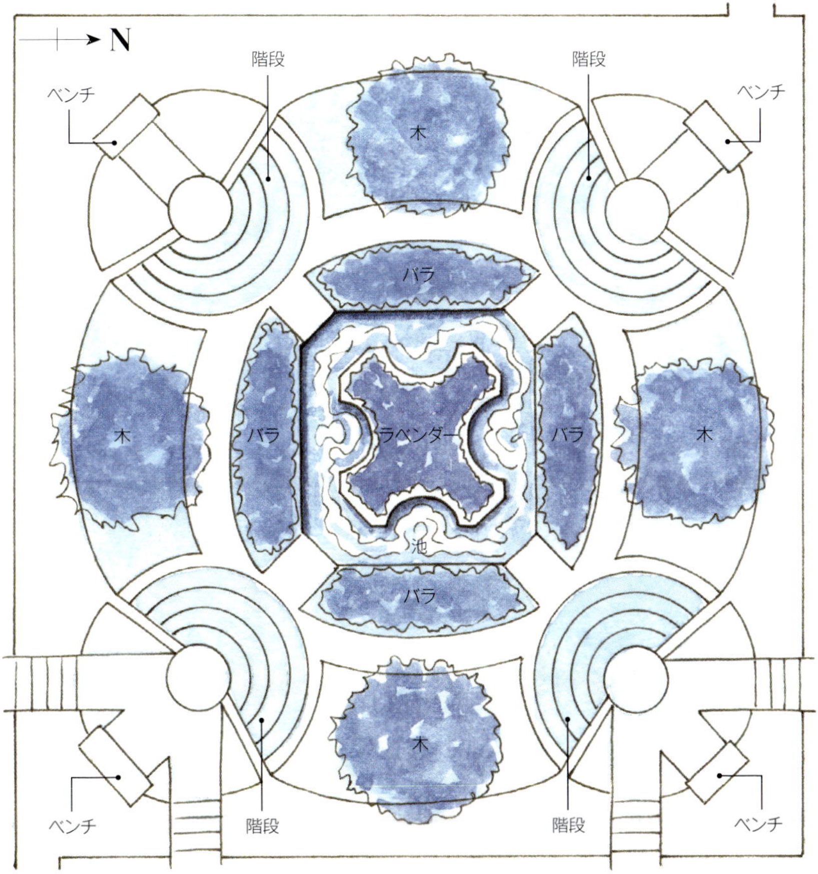

サンク・ガーデン、フォリーファーム

Sunk garden, Folly Farm

一段低くなったガーデンルームは、多くのアーツ・アンド・クラフツ運動の建築家、とりわけエドウィン・ラッチェンスの特徴だった。サンク・ガーデンは、イチイの生け垣や壁で取り囲まれ、低いテラスを使ってつくられ、浅い池や小川や運河があることが多かった。ラッチェンスは、英国バークシャーのフォリーファームで中央に池のあるこのような庭園を造った。四隅に半円形の階段を少し上ったところに、ベンチのある舗装した壇がある。バラやラベンダーの控えめな植栽は、ガートルード・ジェキルの作品である。

水、至る所に水 *Water, Water Everywhere*

水は、時代や文化に関わりなく、多くの庭の重要な構成要素である。湖や大きな池は、自然のものか人工的なものか。その起源への手がかりについては、建物や樹木、周囲にあるものの位置と年代に注目しよう。それらはすべて、まとまりのある構図に見えるか、それとも、庭の要素が水際の“周りに並んで”いるのか？　水源（泉、川や小川）を探すことができるか、水は、そこに閉じ込められている要素なのか？　形が整っている（長方形、円形、楕円形）か、それとも、不定形で自然な雰囲気か？　すべてがその起源を指し示すだろう。

形式張らない池
Informal pool

池は、庭に新たな次元を導入して、生育する植物の種類に影響し、さまざまな野生の種が突然現れるだろう。

堀 Moat

もともと堀は、望ましくない訪問者を城から閉め出すために周りに巡らされた防護壁だった。後の時代に、堀は装飾品となった。ロマンチックで歴史的な雰囲気のある多くの大規模な庭で、今でも見ることができる。

位置 Position

家屋の見晴らしポイントから見ると、前景に芝生か格式張った庭が見えることが多く、中庭や森または向こうの草原に水が広がっている。このレイアウトは、風景庭園に典型的なものである。

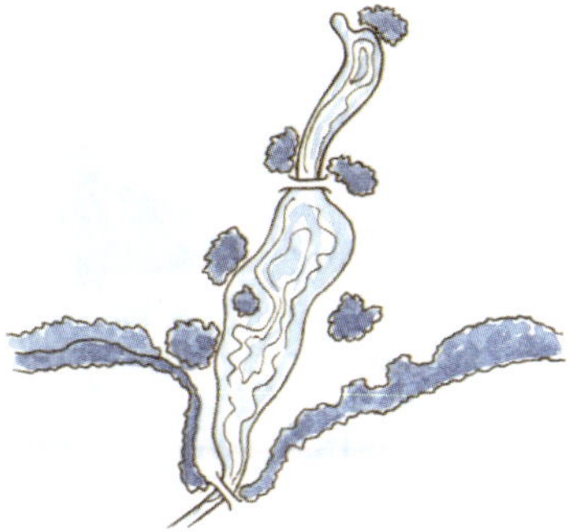

自然の池 Natural lake

この曲がりくねった湖は、小川から水を引いているので、自然のものである可能性があるが、輪郭の一部が作り直されているかもしれない。自然に対するこうした“改変”をするために必要な小川の堰き止めや土の移動は、大きな富を表している。

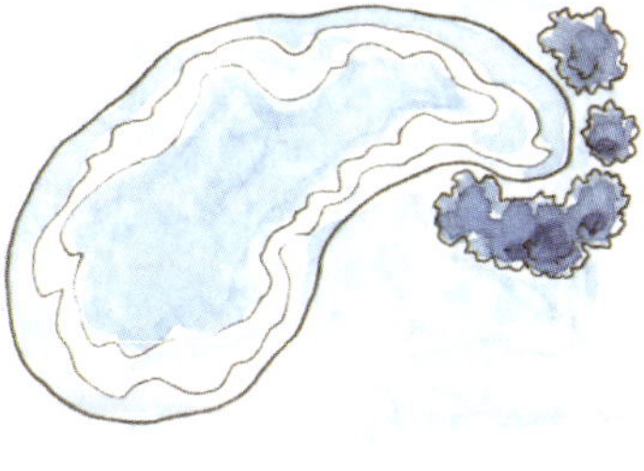

人工の池 Artificial lake

人工の池は、その一部を視界から隠せば、より真に迫った自然のものに見える。このことを念頭に置くと、大きな木立や小さな森は、水際を隠すために戦略的に植栽されていることが多い。

池と水路 *Pools & Channels*

池や沼は、湖よりもずっとささやかなもので、ほとんどが人工的で形も格式張っていることが多い。小さな池は、ローマ風の庭園には欠かせない構成要素であり、水を生命の源と考えているイスラム庭園における一点に集まる4つの水路と同様のものであった。今日の庭でも、多くのさまざまな種類の池を目にするだろうが、どれもが、歴史的そして様式的な影響という財産を表しているのだ。平らで静かな水面は、どんな大きさであっても、庭に局所的な視点を与えて、頭上の空の変化を映し出すということに注目しよう。

グリニッジの庭
米国、コネチカット州
Garden in Greenwich, Connecticut, USA

水は、このオーム・ヴァン・スウェーデンの庭が示すように、先人たちと同じく現代のデザイナーを魅了する。

運 河 Canal

運河は、平坦で静かな水面の人工的な池で、たいていは長方形であり、大きさはさまざまである（ベルサイユのグランド・キャナルは、1マイルの長さがあり、庭全体を統一している）。運河は、機能的である（貯水池として機能する）か、純粋に装飾的であるか、もしくは、その両方である。

高くなった池 Raised pond

格式張っていて左右対称の高くなった池は、中世以来人気があり、現代の庭にもつくられている。地面よりも池を高くすると、見る人の目に近いところに水面を持ってくることになる。

日本式の池 Japanese pond

日本庭園では、池は、海や沼や川といった特定の種類の景観や風景を模してつくられる。池全体の形は、岩や植栽で部分的に隠されており、橋や石灯籠がよく見られる。

水のパルテール Water parterre

大規模な庭では、精巧な水のパルテールを目にするだろう。飾り立てた複雑なデザインであることが多いとても浅い池に色のついた小石を敷き詰め、水を満たして、光り輝く伝統的なパルテールをつくっている。

水の華やかな祭典 *Aquatic Extravaganzas*

ベルサイユ宮殿
フランス
Palace of Versailles, France

1マイルの長さのグランド・キャナルは、見事なアポロの噴水で終わっている。アポロは太陽神であり、ルイ14世は太陽王と呼ばれていた。

動きのある水は、庭に完全なる新しい次元をもたらし、偉大なイタリアルネサンス庭園ほど有効に活かしている場所はない。エステ家別荘、ランテ荘、ファルネーゼ家のような大邸宅周辺につくられた水の庭は、非常に洗練された水力工学の功績であると同時に美しい彫刻が施された建造物でもある。限りなく独創的な、カスケード、噴水、池、水盆、トラフ、ジェット、そして*giochi d'acqua*《ジオッキ・ダグア》と呼ばれる水のいたずらに、どのように水が使われているかを見てみよう。これらは、後世の庭、特にルイ14世のベルサイユ宮殿に大きな影響を与えた。

水盆のある噴水 Basin fountain

噴水（fountain）という言葉は、ラテン語で泉を表す*fons*に由来する。最も初期のものは、自然の泉の下に置かれた大理石の水盆が水を受けるものである（後に、異物が混入しないように覆いを掛けられた）。今でも、単純な水盆の形を目にするだろう。それは、台の上に設置されていることが多い。

池のある噴水 Pool fountain

水盆のある噴水は、時とともに手の込んだものに発展してきた。池のある噴水では、水は、上の水盆から下の格式張った池にあふれ出し、循環ポンプを使って噴水の中を通してポンプアップされる。

多段式の噴水 Tiered fountain

2つ以上の水盆で、段々になった配置を実現できる。非常に装飾的な噴水を生み出す彫像や石細工を探してみよう。自然の泉と関連した神話の中の水のニンフが噴水を飾っていることが多い。

ニッチの噴水 Niche fountain

これは、多段式の噴水のバリエーションであり、ニッチやアルコーブの中に設置される。手の込んだ建築物でよく見かける。このデザインの主な利点は、水のでる仕組みがニッチの背後にきちんと隠されることである。

落ちる水 *Falling Water*

アルンウィック・ガーデン
英国、
ノーサンバーランド州
Alnwick Garden, Northumberland, England

グランド・カスケードは、最近つくられた最も野心的な水の作品のひとつである。12分間連続して毎秒350リットルの水が、空中に噴出する。

滝やカスケードほど印象的な水の作品はほとんどない。滝もカスケードも動きと音を目的としたものであるが、構造が異なっている。ほとんどの日本庭園には、少なくとも一つの滝があり、その規模は庭の規模によって異なり、自然のものもあれば人工的なものもある。それらは常に自然に見えなければならない。対照的に、カスケードは、自然を模倣する意図はなく、むしろ、その技巧と自然の要素の巧みな操作で見る人を感動させる目的がある。両方とも、導入と維持に費用がかかるので、ステータスの証しである。

カスケード、連続した小さな滝 Cascade

大規模でお金のかかっている建築の配置の一部として導入された大規模な格式張ったカスケードを見かけるだろう。緩やかに傾斜した地面に配置されることが多く、段々が、落ちる水の勢いをさらに増している。ポンプ装置はすべて地面の下に隠されている。

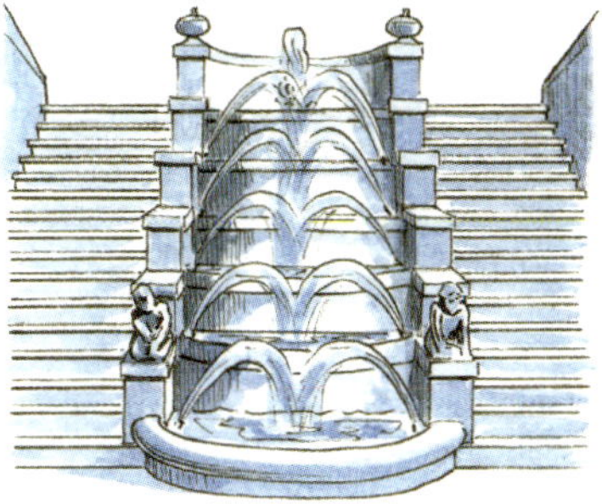

噴水カスケード Fountain cascade

カスケードのデザインの独創的なバリエーションを探してみよう。多くは下の方に向かって広がっているが、狭くて急な傾斜のものもあり、たいていは両側に階段がある。複数の噴水でさらに趣きと動きが加えられていることもある。

滝 Waterfall

日本の滝には多くのバリエーションがあり、それぞれがかなり特殊な形をしていて、その名前は水がどのように見えるかを言い表している。直瀑では、激しい流れが、目の前の岩や崖の縁に一様に流れ落ちる。

段瀑 Stepped-falling waterfall

別のバリエーションは、段瀑である。このタイプの滝を見る時には、カスケードの滝が突き出した岩で途切れて、まるで不規則な階段のように見えることに注目しよう。水の落ち方が予測できないため、、滝をさらに劇的に見せている。

水のいたずら *Water Jokes*

16世紀のイタリアでは、水のいたずらとサプライズが流行した。この流行は、*giochi　d'aqua*として知られ、ロシア、英国、ヨーロッパの他の地域へと広がった。彫像や小道、他の関係ないように見える庭の要素の中に、水源が隠されており、突然噴水が吹き出して、何も知らない庭の訪問者をびしょ濡れにする（水濡れ注意！）。17世紀の特に手の込んだ例が、オーストリアのザルツブルグにあるヘルブルン宮殿に残っている。ギリシア神話に基づいて、水の自動装置、グロット（庭園洞窟）、数多くの噴水や水ジェットが複雑な配置に含まれている。

ヘルブルン宮殿
オーストリア、
ザルツブルグ
Hellbrunn Palace, Salzburg, Austria

400年の歴史があるいたずら噴水があるヘルブルン宮殿は、今でも、完全に機能している水のいたずらのスリルを味わうのに最高の場所だ。

サプライズ Surprise

水のいたずらには、サプライズの要素が必要である。それらは、日時計などのありふれたものに隠れていることが多い。何も知らない訪問者が太陽の位置を確かめようと立ち止まると、中央の噴出口から水しぶきが飛び出す。

味わい Taste

16世紀には、まるまると太った子どもの像*putto*に出会って、突然そのペニスが持ち上がって顔に水をひっかけられても、庭の訪問者は下品で不快だとは思わなかっただろう。むしろ、たいした冗談だと思われていたのだろう!

工学技術 Engineering

手の込んだ噴水やカスケードと同様に、水のいたずらには、高いレベルの工学技術と絶え間ないメンテナンスが必要である（そのため、壊れていないものはほとんどない）。手動のスイッチで動作したものもあるが、何気なく通りがかった足音がきっかけになるものもあった。

技 巧 Artifice

英国ダービシャーのチャットワースで、1826 年に復元された銅製のヤナギの木を今でも見ることができる（オリジナルは 1693 年に遡る）。この美しい工芸品の樹木の枝から、水が訪問者に降り注ぎ、驚きと喜びをもたらすのだ。

水源 *Wellheads*

雪で覆われた井戸
米国、
ニューヨーク州
Covered wellhead,
New York State, USA

井戸の上にある屋根は、装飾的というよりも機能的であり、悪天候時にゴミが井戸に入らないように、天気が悪い時にも人がぬれずに水を引き上げられるようにする目的を持っている。

井戸は、一般に、ローマ時代の中庭の中心にあるもので、中世の修道院の庭の木版画に多く見られる。イタリアルネサンスの大理石や彫刻された石でできた井戸は特に美しい。何世紀にもわたって、多くのものが輸出されてきたので、さまざまな国で見ることができ、格式張った庭の印象的な中心として用いられている。スペインのものは、たいていは煉瓦や石でできていて装飾的なタイルが貼られている。井戸の上に立てられた小さな建物、すなわち井戸小屋が建てられていることもあるが、まれである。

井筒 Wellhead

井筒は、単純なデザインのものもあるし、装飾的なデザインのものもある。手の込んだものの多くは、柱頭の形に基づいているか、または、フリーズ（訳注：古典建築の天井の直下に浮き彫りの彫刻を施した帯状の部分）のような図案や動物を組み込んだものである。輸入された井筒は、下に井戸がなく、機能的と言うよりも感じを出すために配置されていることが多い。

釣瓶 Overthrow

釣瓶は、開いた井戸の上で滑車のロープやチェーンとバケツを支えるための装置である。釣瓶は、鍛鉄製または石製である場合があり、たいていはかなり装飾的である。

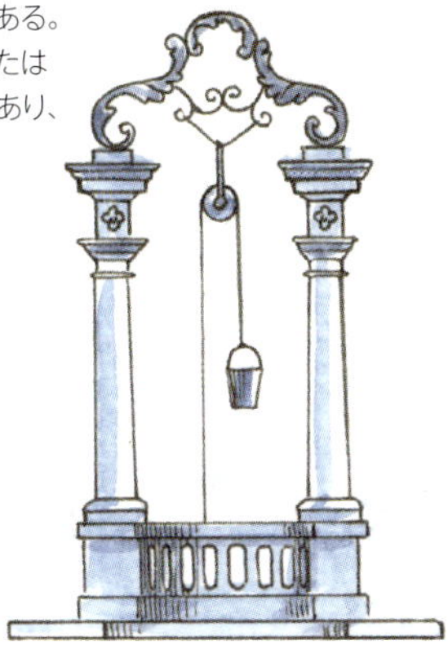

アメリカ式の井戸 American wellheads

植民地時代のアメリカの井戸には、井戸の構造に全体を覆う屋根をつけたものがあるが、側面は開いている。井戸の上部には、木製の覆いがある。これらの構造は、魅力的であると同時に機能的であり、家の近くに見られることが多い。

したたり落ちる井戸 Dipping well

したたり落ちる井戸は、半円形のドームが上についた小さな円形の池である。壁に取り付けられた噴水から池の中に水が落ちている。いくつものアーツ・アンド・クラフツの庭のテラスでこれらを見かけるだろう。もともとは、じょうろを沈めて水を入れていた。

小川 *Rills*

小川は、庭の中に掘られた小さな流れである。最も多く見られる小川はまっすぐであるが、時には、格式張らない効果を出すために緩やかに曲がりくねって進むものもある。それらは、イスラム庭園の4つの水路——*charbagh*——に由来し、後にイタリア庭園とフランス庭園の手の込んだ水の作品の一部を形成した。スペインとオランダの庭では、小川は運河と呼ばれている。アーツ・アンド・クラフツ運動で繰り返し現れるモチーフである小川は、現代のデザイナーの間で、ちょっとした復活が見られている。

ハッケルガーデン
スイス、ルーサン
Hackel Garden,
Lucerne, Switzerland

一般に小川は、平坦な芝生に設置されているのを目にする。この小川は、湿気を好む植物を密に植栽して縁取られている。

ヘクタクーム・ガーデンの東の小川の図面
英国、トーントン
Plan of East Rill, Hestercombe
Gardens, Taunton, England

最も世に知られた小川の一つは、英国サマセット州のヘクタクーム・ガーデンにエドウィン・ラッチェンスにより1904-6年にデザインされたものである。それらは、実際には1対の小川であり、グレート・プラットとして知られるエリアの東と西に位置している。それぞれは、ハム・ヒル・ストーンで惜しみなく縁取られている。植栽計画は、ガートルード・ジェキルによるものであり、今では、庭全体が彼女の仕事の最良の復元例のひとつとなっている。

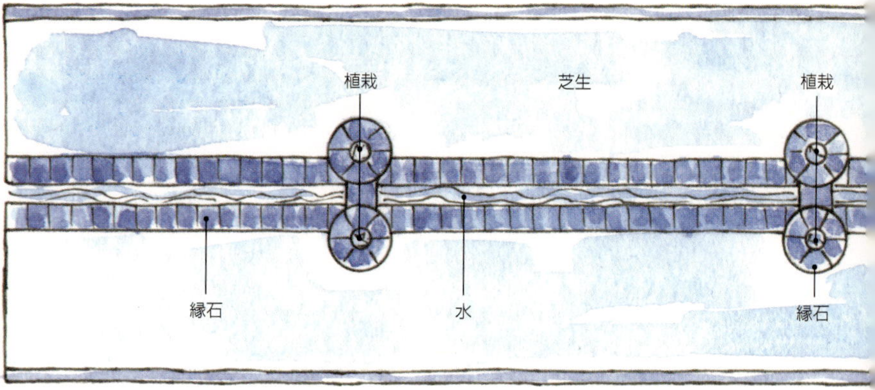

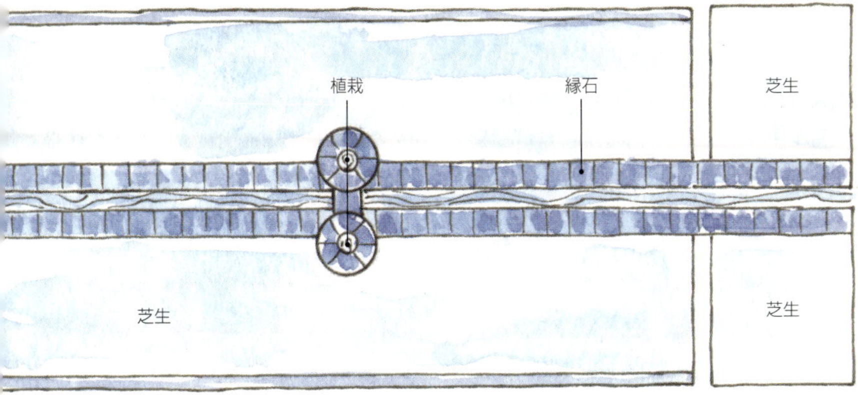
植栽
縁石
芝生
芝生
芝生

GARDEN BUILDINGS

機能と空想 *Functional & Fanciful*

庭園の建造物

GARDEN BUILDINGS

はじめに *Introduction*

マノア・エリニャック
フランス、ドルローニュ
Manoir d'Eyrignac,
Dordogne, France

この素晴らしい18世紀のパビリオンは、プールサイドに変化を与えて建築構造上の共感を得るだけでなく、より重要なのは、庭のレイアウトの焦点となる場所であることだ。

建築物は多くの庭において非常に重要な要素である。構造の種類、その様式、建築物の質を知ることは、庭の所有者の地位や富そして野心を理解するのに役立つし、価値のある歴史的背景を知ることができる。屋根のある構造物の魅力は、万国共通であり、世界中の庭で、いつの時代にも見られる。大規模なものからつつましいものまで、純粋に装飾的なものから極めて機能的なものまで多岐にわたるが、すべてが庭の訪問者にとって興味深いものであることがわかるだろう。

機能 Function

目の前にある建物に機能があるかどうかを考えてみよう。(人々や植物の）避難所になっているか、目をそらすためのものか、富を表しているか、または、ながめを楽しむための最もよい眺望を提供するだけのものか。

同定 Identification

「これは何か?」という質問は、必ずしも答えるのが容易ではない。これは、ガゼボか、パビリオンか、サマーハウスか、プールハウスか? 実際、それは、どれであってもよく、紛らわしいことに、それらの用語は取り替えても同じように使えることが多いようだ。

様式 Style

庭の建築物は、かなり風変わりな場合がある。主要な建築物ほど真剣に扱われないことが多い。それらは建築構造上正確であるとは限らないし、地域の文化的伝統や素材に関連しているとも限らない。

目的 Purpose

建築物のもともとの目的が、時と共に変化するのももっともである。一般開放されている庭では、オランジェリーがカフェになっているかもしれず、他の場所では、羊飼いの宿だったものが、現在はサマーハウスに、古いトイレが道具屋になっているかもしれない。

歓喜の神殿 *Temples of Delight*

神殿は、庭で目にする最大規模の建物である。英国風景庭園と密接に関係があるが、多くの他の状況でも目にするだろう。必ず屋根があるが、側面は閉じられていたり開いていたりして、何人もの訪問者が居心地よく入れるほど大きいだろう。多くは、ペディメントが上に載せられた柱列がある。このタイプには、英国バッキンガムシャー、ストウの英国偉人の神殿のようなバリエーションがある。ストウの神殿は、実際には、人物の胸像を飾るためのニッチをそれぞれ持つ一連の連なった神殿である。

ストウヘッド
英国、
ウィルトシャー州
Stourhead, Wiltshire, England

パンテオンは、ストウヘッドの風景に置かれたいくつかの神殿の内で最大のものである。ここにある他の神殿は、アポロ神とフローラ神に捧げられたものである。

位置 Position

神殿は、設置するのに費用のかかる建物である。樹木で縁取られたり、湖に映りこんだりして、庭の中で最大の効果が得られる場所に必ず置かれるため、その配置に注目しよう。

オーダー Orders

多くの神殿は、古典の忠実な模倣であるが、構造的および装飾的な要素が独創的に組み合わされたものを見ることもあるだろう。この神殿では、弓形ペディメントを伴ったイオニア式柱が対になっている。

様式 Style

時に、折衷の様式が、神殿の構造に用いられる。ゴシック様式の演出は、古典様式のものよりもずっと装飾的で、装飾品が多い。神殿の建築構造的様式は、主要な建物の様式を必ずしも反映するものではない。

建造物 Construction

最も質の高い神殿は、大理石や切石からできている。そうでないものは、煉瓦や、時には中古の雑多な素材からできていることもある。屋根は、タイル張りであったり、特にドーム型の場合には、鉛製であったりする。

その他の人目をひく大建築物
Other Eye-catching Edifices

チャスルトン・グローブ
英国、オクスフォードシャー州
Chastleton Glebe, Oxfordshire, England

繊細なパゴダは、この英国風庭園にオリエンタルな雰囲気を醸し出している。東洋風の効果が、日本風の橋によってさらに高められている。

ロタンダやパゴダと呼ばれる建物の種類は、飾り気のない古典的な神殿よりも陽気な雰囲気を庭に醸し出す。ロタンダは、基本的にドーム型の屋根を葺いた円形の列柱であり、神殿よりも小さく側面が開いている。側面の閉じたロタンダを目にしたら、イタリアチボリのヴェスタ神殿か、ローマのブラマンテの有名なテンピエットに基づいている可能性が高い。中国に着想を得たパゴダは、室内の装飾としてオリエンタルなモチーフが流行したのと同様に、18世紀の庭でとても人気があった。

デザイン Design

四角い柱の上に載せられたアーチ、田舎風の石細工、ドーム型の屋根に取り付けられた小さな尖塔など、多様なデザインを探してみよう。時には、開口部に板ガラスをはめ、建物に雨が入らないようにして、機能的にしているものもある。

ロタンダ Rotunda

ロタンダは、訪問者が予期しない夕立にあった時には有効だったかもしれないが、この建物の古典的な形態は少しも機能的ではない。むしろ、景観の中で焦点、つまり目をひくものとして機能するため、遠くから見るのが最もよい。

パゴダ Pagoda

キュー・ガーデンのパゴダは、中国の原型の本格的な複製である。庭の中に、こうした背の高い段々になった八角形の建物があると、人目を引いた。階層の数は、さまざまであり、キュー・ガーデンのものは 10 であるが、いずれにしても、遠くまで見渡すことができる。

様 式 Style

キュー・ガーデンのパゴダ（1761）の建立に続いて、オリエンタルな様式の建物が、ヨーロッパ中の多くの庭に出現し始めた。それらの規模と、建築構造的な詳細の忠実さは、かなり多岐にわたっていたが、どれも、遊びの空気、軽い雰囲気、装飾的な魅力を加えるものである。

薄暗いグロット *Gloomy Grottoes*

グロットの概念は、ギリシア/ローマ時代のニンフェウムに遡る。それは、ニンフに捧げ物をしたじめじめした薄暗い場所である。この考えは、ルネッサンスのイタリアで再興し、16世紀半ばまでにヨーロッパ中の大規模な庭でよく見られるようになった。内部は洞窟のようで神秘的であったが、外側の外観は、たいてい建築構造上格式張ったものである。それとは対照的に、イギリスのグロットは、内部も外側も自然な感じであることが多い。グロットには、自然な感じのもの、完全に人工的なもの（または、両者を併せ持つもの）があり、夏の暑さのもとでは涼しい日陰になるが、主要な目的は、象徴として存在することである。

トレステーノ樹木園
クロアチア、ドゥブロブニク近郊
Arboretum Trsteno, near Dubrovnik, Croatia

二人の水のニンフを横に従えるネプチューンの中央像を備えたこのグロットは、1736年に再建されたバロック様式のものである。最初のものは、地震で損傷を受けた。

中国風グロット Chinese grotto

中国のグロットは、ヨーロッパのものに比べてあまり凝った造りではない。奇妙な形の岩を集めて、神聖な山を象徴する人工物が作り上げられる。道教と呪術的な意味が染みついたその場所は、沈思黙考し、静かに考える場となっている。

ゴシック風グロット Gothic grotto

一部のグロットの外側は、岩だらけの洞窟の入り口に過ぎないように見えるが、多くのグロットは、より格式張った外面を世界に向けている。このゴシック風のグロットは、窓と扉を持っており、石や貝殻細工で模様がつけられている。

ニッチのグロット Niche grotto

規模に注目しよう。洞窟のように入り組んだ通路を持つ大規模なものもあれば、壁や茂みの中にあるニッチと大差ないものもある。ここでは、水が重要な要素であり、天然の泉から供給されたり、池からポンプアップされたりする。

グロットのつくり Construction

グロットが自然のものか、人工的なものか、その組み合わせか、念入りに調べてみよう。自然の素材には、フリント、化石、トゥファ（火山灰のかたまったもの）などがある。これらは、貝殻で装飾され、鏡が埋め込まれ、偽物の鍾乳石で増量される。

高台からのながめ *Elevated Viewing*

ハンブリー
イタリア、リグリア州
The Hanbury Garden, Liguria, Italy

このしっかりしたガゼボは、地中海を望む岬に位置し、高い位置の利点を十分に生かしている。

もともとガゼボは、庭を見渡す高くなった小さな建物だった。側面が開いているものと閉じているものがあり、四角形、八角形、または、コーナーに合わせた形などがある。迷路の中央部の築山に位置していることもあり、ガゼボという言葉は今でも、座って高台からのながめを楽しむ建物を指す。ガゼボという言葉は、ラテン語の*ebo*と*gaze*を合成したもので、「じっと見る」という意味だった。紛らわしいことに、今では、座るための庭の構造物であれば、どんなものでもガゼボと呼ばれる。

亭 T'ing

ガゼボの中国版は、亭として知られている。たいていは、側面が開いていて、3 段の段の上に建てられ、地面より高い位置、橋の上や池の端など、ながめを最も楽しめる場所に配置された。

キオスク Kiosk

キオスクは、たいていは小さいガゼボの変形である。そのデザインには特定の様式はない。実際、ムーア風、アラビア風、東洋の影響が、ほとんどまたは全く厳密さも一貫性もなく適用されている。

田舎らしさ Rusticity

ガゼボは、丸太でつくられ、草で屋根を葺いていたり、屋根板で屋根を葺いていたりすることもあり、特に英国では、19 世紀の都市公園や家庭の庭でとても人気だった。魅力的なスイスとドイツのシャレー風の建物も好まれた。魅力的なスイスとドイツのシャレー風の建物も好まれた。

格 子 Trelliswork

ガゼボの周りに灯りと風を通す“壁”をつくるために、隙間のある格子が用いられている。ながめを遮ることなく、日陰とある程度のプライバシーを提供する。その代わりとして適した素材は、木製の雷門細工や飾りのついた錬鉄である。

空想の飛躍 *Flights of Fancy*

ほとんどの庭の建築物とちがって、フォリーには実用性のかけらもない。多くの庭づくりに属する芝居的な要素や空想的な要素の強い伝統の一部である。18世紀に、フォリーの流行が高まり、お城や塔、修道院や断片的な廃墟に似せた数多くの偽の建物が、ヨーロッパ中の流行の庭に急造された。特に、毛むくじゃらの隠者を一瞬でも目にしたなら、何も知らずに庭を訪れる人たちには、驚きや喜び、単純な戸惑いが引き起こされる。これらの建物は、そのようなことを目的としていた。

フォリー
アイルランド、ミーズ州、Ardcath近郊
Folly, near Ardcath, County Meath, Ireland

高い視点を与え、人目を引くものの、この建物は、魅力的だとしても、ほとんどのフォリーと同じく機能的ではない。

フォリー Folly

根本的に機能を持たない庭の建物は、荒れ果てた廃墟に似せてつくられた完全に新しい構造物である（18 世紀、自分の住居が不十分であることが多かった労働者に、この皮肉が通じないことなどなかっただろう）。まったく、フォリーの語源通り、馬鹿なことだ！（訳注：“folly” には、景観のアクセントとなる装飾目的の建物、という意味と、愚かなこと、と言う意味がある）。

廃墟 Ruin

愛国心や美学と関連した特定の理想を表現していることがあるため、廃墟の建築構造的様式に注目しよう。考古学的な断片、廃墟になったお城、見せかけの修道院は、それぞれ異なる連想を引き起こす。ロマンチック、騎士道精神、または、おそらく後悔の念。

隠れ家 Hermitage

この建物は、修道院の一室に似せようとしたものである。土間のある旧式のヒュッテ（もっと恐ろしいものには、羊や牛の骨を敷き詰めたものもある）であり、樹木で部分的に隠されているため、訪問者が思いがけずに出くわして驚かされる。

根株の家 Root house

隠れ家のもっと極端なものの一つは、根株の家、つまり、巨大なねじくれた根株でつくられたグロテスクなヒュッテであり、全くといっていいほど住むには適していない。イギリス貴族や紳士階級は、特にこうした風変わりな建物を好んだ。

遠くのパビリオン *Far Pavilions*

庭にある建物のさらに別のグループは、サマーハウスや、時にはガーデン・パビリオンという言葉でくくられる。サマーハウスは、神殿やガゼボよりも機能的で、さまざまな外見を持ち、(湖畔の) ヒュッテ、(ローンボーリング用の芝生やテニスコートなどのそばの) スポーツ・パビリオン、(着替えのための施設を持つプールの近くにある) プールハウスなどがある。サマーハウスは、仕事場にもなり、多くの作家が思索にふけったり創作したりするために、ガーデンルームに引きこもった。その中にはジョージ・バーナード・ショーやヴァージニア・ウルフがいた。

格式張ったサマーハウス

Formal summerhouse

サマーハウスは、人目を避けて日常生活から離れて静かに過ごすために設置されるようだ。その目的にとってかなり重要ではあるが、この池の端のガーデン・パビリオンは、平和と孤独を約束する。

サマーハウス Summerhouse

サマーハウスは、部分的にオープンであるものもあるし、完全に閉ざされているものもある。前者は、夏に日陰をつくるデザイン (シャドーハウスとも呼ばれる) であり、後者は、冷涼な気候で役に立つ。庭にある神殿と同様、母屋とは様式が異なる場合がある。

パビリオン Pavilion

パビリオンとサマーハウスは、伝統的に隠れ家と娯楽に関連してきた。17 世紀フランスの大規模な庭では、宮廷生活の堅苦しさから逃れることを意味していた (それにしては、非常に凝ったつくりであるのだが)。

茶 室 Teahouse

茶室は、多くの日本庭園の特徴であり、16 世紀に遡るものもある。これらの建物は、露地と閉ざされた茶室からなり、訪問者が格式のある茶会に参加するために集まる場所だった。こうした茶会は美的経験と考えられている。

テント Tent

ガーデン・テントの流行は、中世にヨーロッパにやってきた。帰還した十字軍兵士が、東洋風のポールと布を一時的に庭に設置して日陰をつくったことに由来する。18 世紀には、ブリキ製で、キャンバスに見立てて形づくられ絵を描かれたものもあった。

他のガーデンハウス *Other Garden Houses*

庭を訪れる人は、その目的がすぐにはわからないような建物に頻繁に出会う。しかし、多くのこのような建物は、ちゃんとした機能を果たしているか、そうでなくとも、過去には確実に機能を持っていた。それらが、門番小屋、宴会場、ボートハウス、貯氷庫、燻製所、お風呂の内のどれであろうと、建築家は、そのような場所の建造を、遊びに満ちた変装の機会として捉えてきた。母屋に近いものは、家庭で最もよく利用され（従って、変装の必要性があり）、ずっと遠くにあるものは、日常的な必要性が低いようである。

スイスガーデン
英国、
ベッドフォードシャー
The Swiss Garden,
Bedfordshire, England

このかわいらしい（煙突のついた）小さなスイス風コテージは、1820年代にオングレー卿がスイスの愛人のために設計した庭に見所を与えている。

門番小屋 Gatehouse

門番小屋は、富と地位を表すものである。公園や大邸宅の地所でよく見られるが、そこにいれば、門番はすべての入場者を監視することができた。小さなカントリーハウスの近く、たいていは中庭の入り口に門番小屋を見つけることもあるだろう。小さなカントリーハウスの近く、たいていは中庭の入り口に門番小屋を見出すこともあるだろう。

宴会場 Banqueting house

ルネサンス時代に遡るヨーロッパの大邸宅の多くには、庭の中に位置する独立した宴会場があった。主人と客は、ディナーの後のワインやスイーツを楽しむためにここに移動し、上の部屋からの眺めを楽しんだ。

ボートハウス Boathouse

広くて立派な庭の湖や川のそばで、手こぎボートや平底小舟やカヌーをしまっておく非常に印象的な建物をよく目にするだろう。これらは、建築的な空想のすてきな例であり、さまざまな様式が見られ、船の係留所の上にサマーハウスを組み込むこともできる。

貯氷庫 Icehouse

貯氷庫は、煉瓦や石でできており、氷を貯蔵する場所だが、断熱性を増すために地下に設置されることが多かった。これらの庭にある食糧貯蔵庫は、冷蔵庫ができる前には生ものを貯蔵するための場所であったが、その機能が損なわれることもなかったので、建築的に余分なものが追加されるようになった。

GARDEN BUILDINGS

高いところからの眺望 *The View on High*

シシングハースト・キャッスル
英国、ケント州
Sissinghurst Castle, Kent, England

塔のように、印象的でしっかりした構造物は、エリザベス朝時代のものであるシシングハーストの塔のように、周りの庭よりも古い時代からあることが多い。

見晴台や塔は、庭で見られる建物の中で最も目立つものである。見晴台（ベルベデーア）という言葉は、イタリア語で「見た目が美しい」という意味であり、展望できる背の高い建物（塔であることが多い）を意味する。物見塔や見晴らしの塔として知られ、多くは、もともと防御の役目を果たしており、後に楽しむためのものになった。しかし、単に、印象を与え、遠くから見た時に景観の中で目立つことを目的に建てられたものもある。その意図は、こうした建物が、そこから見晴らすだけでなく、見られることによって、人目を引く焦点になることである。

目的 Purpose

さまざまなデザインの塔を見かけるだろうが、多くの庭の構造物よりも建築構造的にちゃんとしており、奇抜ではないという傾向がある。重苦しい感じを与え、風景に重々しい雰囲気を加えている。中には、特に公共の空間で、個人やイベントを祝うものもある。

様式 Style

塔には、古典様式、ゴシック様式、円形、四角形、尖塔、城郭風のデザインがある。高さには、かなりの幅があり、しばしば、高いところに位置して、さらにその重要性を強調している。塔が高いほど、塔の所有者は裕福である。

時計塔 Clock tower

名前からわかるように、時計塔は、少なくとも1つの時計が構造に組み込まれている塔である。多くは、各面に一つずつ、合計4つの時計を持ち、どの方向から見ても遠くで時間が見えるようになっている。

位置 Location

時計塔は、個人の庭よりも公共の庭でよく見られるが、小さな時計塔が、門番小屋や厩舎などの他の機能を持つ庭の建物に組み込まれていることもある。

ガラスの中の庭 *Gardens in Glass*

温室は、実用的な建物であり、家庭菜園のように実用的な場所の中または近くでもっともよく見られる。それらは、冷涼で湿った条件から敏感な植物を守りつつ、ガラスの屋根を通して最大限に光を取り込む。この考えはローマ時代に遡るが、17世紀にはヨーロッパで、大規模な庭に温室が見られるようになり、中には大規模な大きさとデザインをもつものもあった。1800年代までに、気候が厳しい地域の家庭やアマチュアの造園家にも、小さな温室が利用できるようになった。それらは、植物の種類、育つ時期および場所を拡大しようとする造園家の活動に欠かせないものである。

温室の中 Greenhouse interior

温室を、庭の中心部にあるエンジンルームと考えると、敏感な植物を育て、自然環境からそれらを守り、それによって、生育期を延ばすという目的がある。

温 室 Glasshouses

四季を通じて印象的な庭を提供するのに十分な多くの植物を繁殖させるには、さまざまな温室が必要であり、各ハウスが、特定の植物の種類に合わせて、特定の組み合わせの熱、光、換気、湿度の条件を提供していた。

差し掛け温室 Lean-to greenhouse

大規模な家庭の庭で、庭の高い壁に向かってつくられた1つか２つの差し掛け温室を見かけることがある。これらは、非常に魅力的な建物であるため、大規模な邸宅の温室よりも見えやすい場所に配置されることがある。

差し掛け冷床 Lean-to cold frame

温室は、熱せられることがあるが、冷床は、その名の通り、決して熱せられることはない。敏感な鉢植え植物は、植える前に野外の条件になれさせるために冷床の中に置かれる。これは、「ハードニング」として知られる。

独立した冷床 Free-standing cold frame

壁（温室の壁であることが多い）に向かってつくられているか、自立しているかに関わらず、基本的に冷床は、煉瓦や木製の箱に、着脱可能なガラスパネルをはめたものである。パネルは、日中には部分的または全体的に取り外され、気温の下がる夜には再び取り付けられる。

GARDEN BUILDINGS

特別な温室 *Specialist Houses*

まとめて温室と呼ばれている建物の中で、特定の種類の花や果物の栽培に特化した建物を目にするだろう。これらには、ブドウ栽培温室（ブドウ）、パイナップル栽培温室（パイナップル）、オランジェリー（柑橘類）、パームハウス、ピーチハウス、チェリーハウス、イチジクハウスなどがあり、それぞれ、最も多くの花が咲き、実が熟すように促す（または強いる）のに最適な条件を提供するよう設計される。光、温度、換気、そして、根を十分に張ることのできるスペースが、作物の生長に従って変更されることに注目しよう。対照的に、キノコ栽培温室（または納屋）は、遮光された暗い小屋である。

専用のピーチハウス
Purpose-built peachhouse

この完全に修復されメンテナンスされたピーチハウスでは、理想的な環境条件の中、ネクタリンの花が咲き誇っている。つまり、ちょうどよい温度と湿度と光が欠かせない。

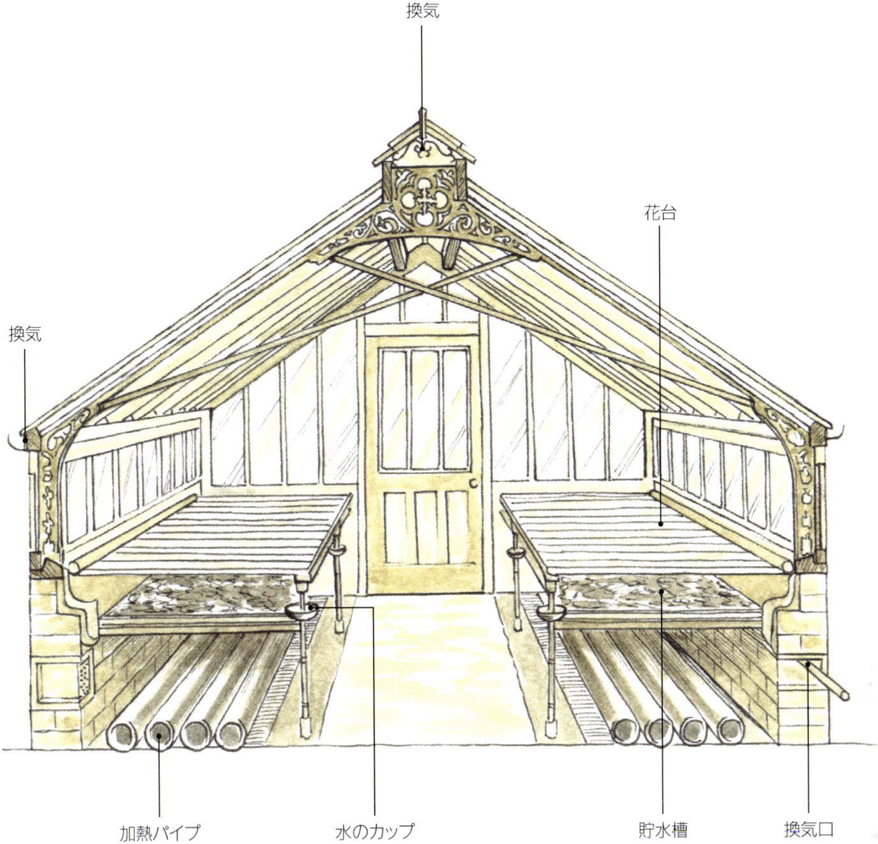

ランの温室 Orchidhouse

ランの温室のこの断面図は、1900年頃のものであり、そこに見られる複雑さから、1種類の敏感な花を育てるためだけの建物のデザインと建設に対してなされた配慮が見て取れる。側面の換気口から空気が入り、地表にある加熱パイプの上を循環する時に温められることに注目しよう。直立した鉄製の棒のてっぺん近くにある水のカップは、ナメクジなどの害虫が植物の所まで登れないようにし、木製の花台の下の浅い貯水槽は湿度を保っている。

ガラスの宮殿 *Glass Palaces*

温室は、植物のためのものであるが、コンサーバトリーは、植物で満たされるが、そもそも人々のためにつくられたものである。個人の庭や公共の庭で、大きさやデザインが多岐にわたるコンサーバトリーを目にするだろう。自立した大規模な植物陳列棚から、家に付属したくつろげる部屋までさまざまなものがある。多くは、大きな植物を育てるために深い苗床を持つ。ウィンターガーデンは、大規模な温室（屋根がガラス張りになっていないこともある）で、19世紀に考案され、都市公園やレジャーリゾートの風景の一部になっていることが多い。人々は、荒れた天候の時には、ここを散策して植物の魅力的な展示を楽しむことができた。

王立植物園
スコットランド、エジンバラ
The Royal Botanic Garden, Edinburgh, Scotland

1858年に完成したエジンバラの温室は、6,000ポンドを要した（今日の金額にすると25万ポンドを越える額に相当する）。

素材 Materials

鋳鉄や鍛鉄の技術的発展と、19世紀の板ガラスの発明によって(英国では、1845年のガラス税の廃止も追い風となった)、手の込んだ手頃なコンサーバトリーがつくられるようになった。

状態 Condition

植物用のコンサーバトリーの年代と状態に注目しよう。オリジナルのものか、初期の頃のものを修復したものかレプリカか? その目的から、コンサーバトリーはどれも、特に壊れやすく、維持と加温に費用がかかる。

位置 Position

家に接するようにつくられた小さなコンサーバトリーは、家と一緒にメンテナンスするので、よい状態であることが多い。太陽の熱と光を十分に利用するために、建物の南か南東に位置するものがほとんどだ。

デザイン Design

自立したコンサーバトリーは、建築上の「責任」が少ないが、家に付属したものは、美的調和を保つために、家と様式を合わせた方がよい。このゴシック様式の建物の装飾的なデザインは、機能性がないことの手がかりである。

華麗なオランジェリー *Opulent Orangeries*

カールスアウエ
ドイツ、カッセル
Karlsaue, Kassel, Germany

カール王子は、新しいバロック様式の庭の中心部として、この装飾的なオランジェリーを1710年に建てさせた。柑橘類を植えるのに加えて、1747年には、ちょっとの間、クララという名前のサイが飼われていた!

オランジェリーは、裕福で地位のある人の庭でしか見られない高級な建物である。世界中から食料を空輸する以前には、オレンジなどの柑橘系の果物は、冷涼な気候ではごちそうだった。柑橘類の栽培には、専門知識と適した生育条件が必要で、冬の間には温められたオランジェリーに果樹を入れておき、夏の間には大きな鉢植えを屋外に出すことによって、栽培することができた。デザインはさまざまであるが、オランジェリーは統一感があり、容易に識別できる建物であり、大きな風通しのよい部屋と光の入りやすい高い窓で特徴付けられている。

機能 Function

柑橘類を外に出す夏の間には、伝統的に娯楽のために使われていたため、オランジェリーは優美である。柑橘類の栽培の流行（と必要性）が衰退すると、多くは、彫刻の展示スペースに転用された。

建造物 Construction

オランジェリーは、温室やコンサーバトリーよりもずっと印象的で、構造がしっかりしている。屋根があり、母屋の建築様式を反映して設計されていることが多い。ほとんどは、池、芝生、トピアリーに囲まれた格式のある庭にある。

栽培 Cultivation

ほとんどの手の込んだ柑橘類のコンテナには、取り外しできる面があった。ちょうつがいのついた構造によって、植物を鉢から出さずに庭師は根を切り詰めることができた。柑橘類の果樹を健康に保ち、実らせるには、技術と世話が必要だった。

コンテナ Containers

移動を容易にするために、柑橘類の果樹は、大きな木製または陶器製のコンテナで栽培された。これらは、夏の間には庭の展示の一部をなすため、非常に美しいデザインであることが多かった。多くは、持ち運び用の竿を取り付けるための輪が組み込まれていた。

ボシーの少年 *Bothy Boys*

　環境のよくない角の方に追いやられたり、家庭菜園の壁につけ加えられたりして、他の種類の庭の建物には当てはまらないように見える小さいシンプルな建物を時々ふと見つけるだろう。昔は、下働きの庭師のための宿泊施設を提供していたようだ。このつつましい住居は、"ボシー（訳注：悪天候時の避難小屋や泊まり込み作業のために使われる小屋）"として知られ、一般に庭の機能的な中心に配置された。植物が、南向きの温室の暖かい光を浴びている一方で、若くて未婚の男性庭師は、同じ壁の北側にあるヒュッテで凍えていたのだ！

ガーデンヒュッテ
Garden hut

今日、身分の低い庭師のための納屋のような住居としてかつて提供されていた建物の多くは、小さくておしゃれな庭のヒュッテに改築され、伝い登る花を装飾的に刈り込んで仕上げられている。

宿泊施設　Accommodation

庭師の住居はさまざまである。上流階級では、庭師頭は、家に住み、下働きの庭師は労働者のコテージ（しばしば厩舎の近くまたは上にあった）に、"見習い"（若い徒弟）は、ボシーに住んだ。

位 置 Position

温められた温室のある庭では、ボシーは、ボイラー小屋の近くにあった。寒い冬の夜には、温室を一定の温度に保つために、（庭師の少年が）定期的に火を煽る必要があった。

状 態 Condition

多くのボシーは、今では壊滅的な状態に陥っているか、物置小屋や鉢植えのための小屋に転用されている。この庭の壁の両側の状態の対比に注目しよう。方や優美な壺であり、もう一方は飾らないヒュッテである。

礼儀作法 Propriety

20 世紀初頭になって女性が園芸の専門的職業に就くようになると、雇い主は、住居を改善しなければならなかった。教育を受けた若い女性は、伝統的なボシーに住むことも、男の子と住居を共有することもいやがった。

FEATURES

建築ディテール *Architectural Detail*

庭園の構成要素

はじめに *Introduction*

植物や景観要素や庭の建物以外で、庭で出くわす多くのものの中に、庭の建築上の特徴がある。それらは、規模の点でさまざまで、湖にかかる橋から花がいっぱい生けられた壺まで多岐にわたる。壁のように機能的なものもあれば、彫像のような純粋に装飾的なものもある。こうしたものは、庭の風合いや雰囲気に寄与している。それらに施されたディテールのレベルと質からは、もともとその庭をつくった人が惜しみなく費やした手入れと配慮、そして費用がよくわかるし、その状態は、それを引き継いで守ってきた人がどのようにメンテナンスしてきたかを表している。

壺と柱列
Urn and colonnade

この優美な壺のような選び抜かれたものを、庭のトーンやムードを設定するのに用いると、大きな影響を与えることができる。

様式 Style

非常にさまざまな様式が、柱などの建築上の特徴に施される。例えばパーゴラの支柱のように機能的なものもあれば、単に装飾的なものもある。個々の様式がなぜ選ばれたのかを考えてみよう。

目的 Purpose

一見すると当たり障りのないものですら、意味を持ちうる。例えば、門扉が、完全に開いているか少し開いているか、そして、閉ざされていて鍵がかけられているかでは、かなり違ったメッセージが伝わる。門は、その向こうにある空間へ喜んで迎え入れてくれるか、入れないように入り口をふさぐものである。

意 図 Intention

彫刻のようなものの様式と内容は、重々しさやユーモアを添えるだろう。それが、その場所に適切であるか否か、または、その存在が不快感を与えるか否かにも注目しよう。

パフォーマンス Permanence

流行の変化がどこにどのように庭に組み込まれてきたかに注意しよう。ベンチや植物のコンテナのようなものを取り替えるのは、庭のレイアウトやサマーハウスの様式を変更するのよりも、ずっと簡単である（そして安く済む）。

装飾品と飾り付け *Ornament & Decoration*

歴史的に、建築と同じように庭でも、特定の装飾様式が優勢になる傾向がある。あらゆる種類の物品で、表面パターンとして施された装飾をしばしば目にするだろう。以下のようなことを考えてみよう。デザインの選択は適切か？　周辺の建物と調和しているか？　地域に密着したものか、それとも外国の影響を受けているか？　また、庭の年代と一致しているか、時代遅れであるかに注意しよう。パターンを使うことで、造園家は、風景に遊びや芝居的な要素を導入することができる。

東洋風のタッチ
The oriental touch

中国や日本の装飾品に繰り返し見られる特徴は、この素晴らしい橋にはっきりと見られるように、非常に優美なものである。

ペルシア風 Persian

初期のイスラム庭園が後のデザイナーに与えた影響を過度に重視するのは難しい。しかし、ムーア人にゆかりのあるこれらの国の外では、最も長く存続しているのは、装飾品というよりも、庭の形態である。

東洋風 Oriental

中国や日本の庭よりもはるかに多くのさまざまな東洋風のパターンや装飾が施されているのに出くわすだろう。これらは、月の門や橋のような大規模な構造物から、調度品のような小さなものまでさまざまである。

古典風 Classical

ギリシア・ローマ風のデザイン、および、それらを後に再解釈したものが、多くの国々の多数の造園家に主要なパレットを提供してきた。パターンは、手が込んでいて複雑で、神話の獣や天使の姿が織り交ぜられることが多かった。

ゴシック風 Gothic

道すがら、窓枠から植物のポットまであらゆるものに施された装飾的なゴシック風のデザインを目にするだろう。伝統的に、英国の庭ではごく普通に見られ、自然の植物の形に基づいており、その様式は田舎の庭の特徴と密接な類似点を持っている。

FEATURES

柱 *Columns*

柱とは、高く、円形であることが多く、たいていは石製であるが、木から彫りだされたものもある。単純なデザインの柱は、長方形または正方形の断面を持ち、煉瓦製である。多くの文化に由来する柱を庭で見つけるだろう。それらは、例えば、寺院または中庭のある修道院の周囲など、あらゆる種類の庭の建築物の一部として、構造的および装飾的に用いられる。パーゴラとロッジアの横桁を支持するために用いられているのをしばしば目にする。場合によっては、風景の中の装飾品という機能しか持たないこともある。

中庭
メキシコ、カンペチェ
Courtyard garden, Campeche, Mexico

この取り囲まれた中庭の周りの柱は、修道院の重要な建築的要素であり、日陰とプライバシーを提供している。

オーダー The Orders

建築のヨーロッパ古典言語は、古代ギリシアとローマのモデルに基づいている。これに欠かせないものは、オーダーとして知られるものである。これらは、土台（ほとんどの場合）、シャフト、柱頭、エンタブラチュア（コーニス、フリーズ、アーキトレーブ）を備えた柱である。それぞれの要素は、装飾され、設定された寸法に、正確に合わせられる。世界中の庭でこれらのデザインに当てはまる柱を目にするだろう。それらの利用は、必ずしも建築の古典的なルールに乗っ取っているとは限らず、効果を狙って改悪されている可能性がある（または、単に間違って使われている場合もある）のだが。

ギリシアドーリス式　イオニア式　コリント式　混合型

緑のアーケード *Green Arcades*

多くの庭には、ロッジア、パーゴラ、木陰のあずまや、あずまや、ガレリアなど、さまざまな名前で知られている建築上の特徴のグループの内、一、二例が含まれている。名称やデザインはさまざまかもしれないが、いずれも、日陰、ある程度のプライバシーを与え、普通は、眺望やビスタを十分に楽しめるように配置されている。それらは、ツル植物にとっては魅力的な支えにもなる。そのグループの最も印象的なものは、パーゴラであり、古典的なモデルがルネサンス期に復興したものである。これは、アーツ・アンド・クラフツ運動の主要な特徴であり、今日でもまだ人気がある。

木造の骨みのパーゴラ
Timberframe pergola

夏には、パーゴラは、ツル植物をまとって、よい香りをさせ、冬には、丸裸の構造的な木枠をあらわにする。

ロッジア Loggia

ロッジアは、修道院またはアーケードを形づくる柱の列である。片側が開いており、たいていは建物にくっついているが、庭では、庭の壁に沿ってつくられたロッジアを目にすることがあるだろう。

パーゴラ Pergola

パーゴラは、ラテン語の *pergula* に由来し、しっかりと直立した二列の柱または支柱で横桁のネットワークを支えたものである。空に向かって開けており、横から見ると、四角、アーチ、または葱花アーチ(浅く反ったカーブ)になっている。

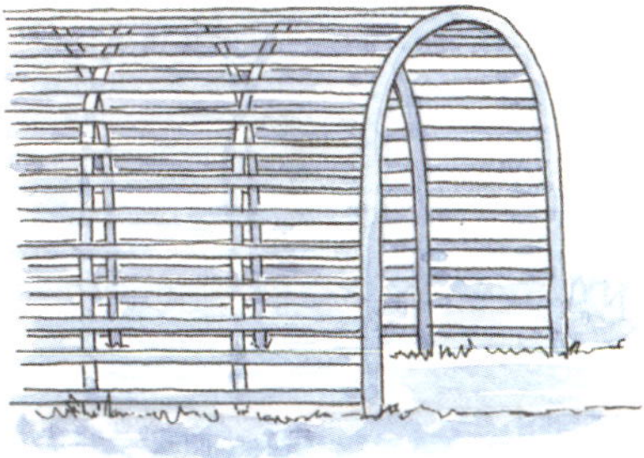

木陰のあずまや Arbour

木陰のあずまや、あずまやという言葉は、かなり紛らわしいが、どちらを使っても変わりはない。ロッジアやパーゴラよりも小さく、上部も側面も開いた小屋であり、つる植物の支柱になっていて、たいていの場合ベンチがある。そのデザインは、状況に応じてさまざまである。

屋根付き通路 Gallery

屋根付き通路は、このグループの構造物の一種である。たいていは鉄製や木製であり、時に格子状になっている軽い枠組みに支えられたつる植物の緑のトンネルを思い浮かべてみよう。

オベリスクと直立した構造 *Obelisks & Uprights*

オベリスク、柱列、およびアイキャッチャーは、風景に高さと格式を添える。単体で用いられてもリズムのある配列で配置されても、その効果は、高くて細身の形によるものなので、古典的な柱の形態に多くのバリエーションがあるのも自然なことだ。最大の効果をもたらすには、スペースの広い場所に設置する必要があり、そうすれば、その効果が遠くからでもよくわかる。これらを配置するのには多大な注意が払われているので、例えば、それがビスタの終点にあるか、または、あまり魅力のない光景から目をそらすものなのかに注意しよう。特に大きなアイキャッチャーは、以前は監視塔などの防御施設であったものから地位と権力を示すものになったのだろう。

イソラベッラ
イタリア、
マジョーレ湖
Isola Bella, Lake Maggiore, Italy

この最上部にのせられたオベリスクとその隣にある彫像は、非常に高い位置にあるため、近くからでも遠くからでもよく見える。

柱 列 Colonnade

柱列は、一定間隔で一列に並んだ柱である。庭では、（建物に統合されているものとはちがって）エンタブラチュアでつながったりせず、たいていの場合独立して立っている。イトスギやセイヨウイチイなど、柱の形をした樹木が、柱列状に植栽されることもあり、刈り込まれたり、単にそのまっすぐな形状で用いられたりする。

オベリスク Obelisk

オベリスクは、上部が細くなった柱であり、たいていは石製で、四角、三角、円形または八角形の土台の上に乗っている。オベリスクは、古代ローマで人気を博し、イタリアおよびフランスの格式張った庭園の構造物として再興した。記念碑を探してみよう。記念碑を探してみよう。

エクセドラ Exedra

18 世紀の風景庭園で特に人気のあったエクセドラは、教会の後陣のように配置された半円形の背景である。これらは、柱の列、アーチ状または一連の連なったニッチ、もしくは、場合によっては建築物と生け垣の組み合わせから形成される。

アイキャッチャー Eye-catcher

その名の通り、アイキャッチャーは、見る人の注意を引いて集中させる非常に目立つものである。塔や柱、彫刻のいずれであっても、頂上に配置される。見る人から十分な距離を確保するために、庭の教会の外側に配置されることもある。

FEATURES

境界になるもの *Boundary Markers*

どんな庭にも、はっきりしているか否かに関わらず境界がある。それぞれの庭は、壁、柵、溝、堀、生け垣、林やその他の構造物で囲まれている。庭の境界は、本書に繰り返し扱われるテーマ——所有、プライバシー、囲い、展示など——の多くと直接的に結びついており、これらの概念はすべて、物理的な境界によって表現される。境界が（通れない高い壁、柵、生け垣などで）閉じているか、（ハハーや隙間のある柵で囲まれているだけで）開いているか、調べてみよう。それによって、庭の所有者の外の世界に対する態度がわかる。

壁に取り囲まれた庭
Walled gardens

部分的に植物で隠れていることが多いが、この壁のような境界は、中の庭と外に広がる世界の間の重要な移行部を定めるものである。

一枚壁 Solid wall

一枚壁は、多くの種類の素材で構成されるが、煉瓦や石が最もよく見られる。高さはさまざまであるが、庭の周りのしっかりした壁は、いつの時代でも富の象徴であり、永続性を感じさせて、プライバシーや排除を確保する。

曲がりくねった壁 Crinkle-crankle wall

壁は、多くの植物に優れた保護と支持を与える。蛇行する壁としても知られる波状の曲がりくねった壁を探してみよう。それぞれの柱間は、敏感な植物に特別な保護を与える小さな微気候をつくりだしている。

笠木 Coping

上流階級の壁は、上部に笠木というものが被さっていることが多い。数多くの笠木のデザインが、庭の壁に組み込まれており、ここに見られる銃眼付胸壁のように、かなり手の込んだものも多い。こうした規格外の構造物は費用がかかる。

中国風笠木 Chinese coping

東洋風の庭には、非常に独特の笠木を持つ広く堅牢な壁がある。通例、小さなてっぺんのとがった屋根から、広くて曲がったひさしが突き出ている。瓦がよく使われていることに注意しよう。瓦は、壁にはめ込まれることもある。

開けた境界 *Open Edging*

開けた境界は、文字通りそれを通してまたはそれを越えて中が見えるものであり、高くて堅牢な壁よりも訪問者に歓迎ムードを与える。構造やデザインはさまざまであるが、たいていの場合、周囲の境界には、強い木材、鉄または開口部のある煉瓦造りなどのしっかりした素材が使われる。軽くて、透かしになった柵である、ラティスや格子、装飾的な鍛鉄は、庭の中で見られることが多く、仕切りをつくったり、見せたくないものを隠したりするためにうまく用いることができる。木製の柵が最も安価であるが、他のものよりも寿命が短い。

コテージ風の柵
Cottage-style fencing

単純な構造にもかかわらず、この木製の柵は、この庭の風景を引き立て、花の咲く植物の茂みに囲まれて構造の要素を提供する。

杭 柵 Picket fence

きちんとした木製の杭柵は、多くの庭の枠組みを作っているが、特に北米の庭に付き物である。白く塗られた、(直立した)杭、(水平な)レール、フィニアル(装飾的な上部)に、終わることのないデザインのバリエーションを目にするだろう。

鉄製の柵 Iron fencing

鉄製の柵は(レールとしても知られ) 19 世紀に人気が出た。手の凝ったデザインは、紋章や絡み合ったイニシャルなど、オーダーメイドのディテールを組み込んでいる。町や都市の庭で使われることが多く、たいていの場合、格式張ったエリアを取り囲んでいる。

格子構造 Trelliswork

単純なラティスから発展した格子（フランス語の*treillage*）は、木製の開けた柵であり、非常に複雑なデザインであることが多い。場所を取り囲み隠すだけでなく、装飾的な構造物として、植物の支えとしても用いられる。

Clairvoyee Clairvoyee

*clairvoyee*として知られる工夫は、庭の中で用いられる開けた境界の好例である。装飾的な鉄製のパネルであって、壁や生け垣の中に設置され、訪問者は、向こうを見渡せるが、通り抜けることはできない。

エントランスをつくる *Making an Entrance*

ビスカイニョス宮殿の庭
ポルトガル、ブラガ
Biscainhos Palace Garden, Braga, Portugal

精巧に作られ高度に装飾された門柱。これは、確かにジェキルの格言に当てはまる；人は、どんな驚きが訪問者を待っているのかを知りたがっている。

ガートルード・ジェキルは、こう書いている。「よい門扉は、よそから来た人が、眼前に迫ったものを最もすばらしく見ることができる心理状態にするものだ。オペラの序曲のように、彼を興奮させ、心構えをさせるべきだ」。門番小屋のある大規模なものから、壊れた掛け金のあるつつましいものまで、あらゆる種類の庭の門に出会うだろう。しかし、訪問者の行き来を管理する必要性から、多くの庭ではもともとのエントランスをもはや使っていないことに気づくだろう。悲しいことに、たいていは、表門ではなくて裏門から入っているのだ！

古典的な門 Classical gateway

門の本来の目的は、囲うことと外の世界からの防御であり、こうした考え方は、庭のデザインの中で、物理的にとは言わないまでも視覚的に表現され続けてきた。この門は、強さと権力を表しているが、実際の門は単に装飾的なものである。

門柱 Piers

門柱は、庭と邸宅へと続く手の込んだ芝居がかったエントランスをつくる数多くの機会を建築家に提供している。幻想的なフィニアル、グリフィンのような彫刻の紋章、ここでの例のように大きな装飾的な壺を上に載せていることが多いことに注目しよう。

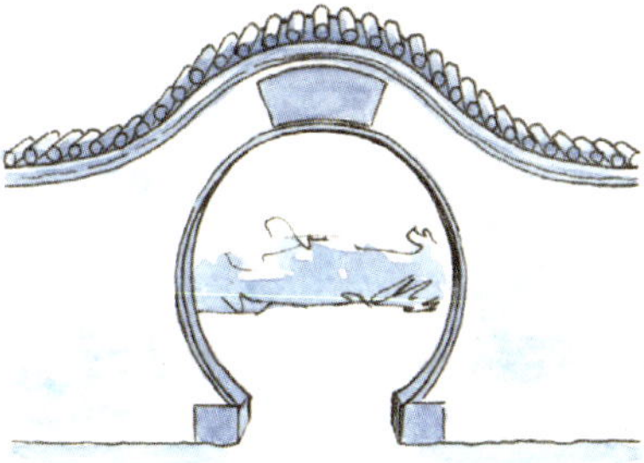

月の門 Moon gate

（月の扉としても知られる）月の門は、伝統的な中国風の庭の壁に設置された円形の開口部である。最もよい例では、それぞれ象徴的な意味を持つ魔除けのデザインを施した瓦を上に載せている。

屋根付き門 Lych gate

屋根付き門は、しっかりした屋根のある門であり、シンプルな座席をデザインに組み込んでいることが多い。もともと教会の庭のエントランスにだけ見られたものだが、その土地固有のスタイルでデザインされた19世紀の英国のカントリーガーデンで人気がでた。

テラスと階段 *Terraces & Tiers*

古代メソポタミアのジッグラトとバビロンの空中庭園は、庭に使われたテラスの最も古い記録である。後に、テラスは、イタリアルネサンスや大規模なフランス庭園の重要な建築要素となった。基本的にテラスは、歩いて庭を見るための平らな台である。たいていは、石畳みのような硬い素材でつくられており、家から張り出していたり、家の近くに配置されたりする。高いところにあることが多く、いくつかの高さにテラスを配置して、それらを階段でつないでいる場合もある。

ポウィス城
ウェールズ、ポーイス州
Powis Castle, Powys, Wales

最高の水準でつくられ（1680年）繊細な彫刻が置かれているため、これらのテラスを散策する訪問者は、ウェールズ中部ではなく、イタリアにいるように錯覚するだろう。

手すり Balustrade

テラスは、低い壁か手すりで縁取られている。デザインはさまざまであるが、最上級のものは、手すり子として知られる直立した石でできており、連続した笠木を支えている。ここにあるような、球根状の手すり子は非常に一般的である。

デザイン Design

この例では、手すり子の間の距離が長い。（腰がくびれたデザインのこの例では）半分の手すり子が、頑丈な支柱の縁を飾るために用いられている。これらは、手すりを終わらせて、階段の位置を示すために用いられる。

様式 Style

テラスは、それが面する建物の建築様式と一致しているはずだ。このゴシック様式のデザインは、フィニアルの細部の装飾に続いている。他に人気のあるデザインは、田舎風の小さな像や、石でできたドングリ形のフィニアルである。

ディテール Detail

流れ落ちるような花をつける植物や観葉植物で満たされた装飾的な壺やコンテナが、手すりに沿って並んでいるのを目にするだろう。ベンチ、彫刻のためのニッチ、小さな噴水が、広いテラスに組み込まれているのを目にすることもある。

大規模な階段と簡単な階段

Sweeping Stairways & Simple Steps

完全に平らな地形の庭は珍しいので、最大限に楽しむためには階段やステップが必要である。しかし、訪問者がある高さから別の高さへと移動するのに純粋に機能的に必要なのに加えて、階段は、豪華さと威厳の局所的なポイントを提供する。さまざまな階段が、多くのものに統合されており、例えば、テラスの近くで目にしたり、神殿やパビリオンなどの建物の一部になっていたり、塔や見晴台の内部に、カスケードに沿って、サンクガーデンの中に、または、築山に組み込まれているのを目にしたりする。

実用上の配慮点に注意した階段

Steps that take note of practical considerations

こうした普通ではない急な高低差のある場所では、しっかりした階段の列だけでなく、強固な支持壁も必要である。

装 飾 Ornament

これらの大規模で装飾的な階段の多くは、高価で繊細なディテールを持つ手すり、柱、石細工で装飾されている。彫像を展示するための手段を兼ねているものもあれば、噴水や半円形の泉が組み込まれているものもあることに注目しよう。

格式張った階段 Formal stairs

イタリアルネサンスの庭の建築家は、非常に手の込んだ複雑な階段をデザインすることで、険しい地形を克服して長所とした。左右対称の２つの階段のデザインに基づく数多くのバリエーションを探してみよう。

ランダムなステップ Random steps

規模の点で対極にあるものとして、シンプルな踏み石がランダムに直接地面に置かれているものがある。れらは、森林の庭のような自然に近い場所の中で緩やかに曲がりくねって置かれたり、小川を渡る簡易の橋として使われたりする。

田舎風の階段 Rustic steps

自然の庭や森林の庭では、割った丸太で土を押さえてつくられた田舎風の階段を目にすることがよくあるだろう。幅はさまざまで、特に傾斜が急な場所だけに設置されることもある。見た目は冴えないが、非常に有効である。

FEATURES

庭の小道を上がる *Up the Garden Path*

小道は、広くても狭くても、まっすぐでも曲がりくねっていても、硬い素材でつくられていても柔らかい素材でもよく、バリエーションはほとんど無限である。公共の庭や公園では、その場所を通る足音が選択に影響を与えるが、個人の庭では、純粋に美的な観点で選択することができる。伝統的に、砕いた貝殻、細かい砂利、燃えかすの灰のような柔らかい素材が好まれ、それらは、木製の厚い板や装飾的なタイルで縁取ることで所定の場所に保持される。後に、石畳みや煉瓦敷きが素材として選ばれるようになった。

敷石の適切な選択
Appropriate choice of paving

落ち着いた感じの大きな石の板をランダムに配置することで、視覚的に共感でき、庭の小道がずっと長く続いているように見える。

ハーフバスケットウィーブ Half-basketweave bond

石畳みや煉瓦敷きは、耐久性があるが、高価であり、特にこのようなパターンに敷き詰めるには、腕のよい職人が必要だ。使われている煉瓦の質（色や風合い）とデザインの複雑さに注目しよう。

杉綾模様 Herringbone

この伝統的な杉綾模様のパターンに敷き詰められた煉瓦は、テラスなどの広い場所では特に魅力的だ。単純なデザインは、花壇や池を縁取るような狭い小道にもよくあう。

混ざり合った素材 Mixed materials

注意深く選んだ素材を混ぜると、非常に効果的な結果を生むことがある。この煉瓦と小石の小道のように調和した組み合わせを探してみよう。興味深いが耐久性があり、通行量の多いどんな場所にも適合するものを作り上げている。

テクスチャ Texture

素材を最もうまく混ぜ合わせているものの一つに、テラコッタタイルと瓦の組み合わせがある。アーツ・アンド・クラフツ運動の建築家が好んだこれらのすてきなテクスチャは、多くの小道、低い壁、階段に使われている。

橋を架ける *Building Bridges*

橋は、小川や川、池を渡るための機能的手段であるが、庭においては、橋は実際の実用的な目的よりも、風景に装飾的な寄与をすることに価値がある。実際、遠くにあってめったに人が訪れない場所にある橋は、人目をひくものでしかない。もっと極端な場合には、ロンドンのケンウッドハウスの木製の橋など、フォリーである例を目にするだろう。その橋は単なる見せかけのものなのだ！ その橋は単なる見せかけのものなのだ！ 東洋の庭では一貫した特徴であるが、ヨーロッパでは、17世紀と18世紀に、特に大規模な風景庭園で、橋が重要だと考えられていた。

モネに着想を得た庭

Monet-inspired garden

印象派の画家クロード・モネ（1840-1926）がフランスのジヴェルニーにつくった日本風の橋は、世界中に多くの模倣がある。

日本風の橋 Japanese bridge

途方もない弧を描いた日本の太鼓橋は、安藤広重（1797-1858）の風景画に見られる特徴であり、朱塗りの木製の橋であることが多く、装飾的な格子やフィニアルを備えている。その象徴的な機能は、日本庭園の中でコンセプトが異なるエリア同士をつなぐことである。ずっと単純な御影石の平板が小川を渡るために利用されることもある。

中国風の橋 Chinese bridge

小川や池を渡るだけでなく、特徴的な中国風の“ラクダの背”の形をした橋の上では、周囲の風景を眺めることができる。煉瓦や石でつくられており、弧を描いた手すりがついていることが多く、半円形の空間は、小舟が橋の下を通り抜けることができるほどの高さを持っている。

パラディオ橋 Palladian bridge

大規模な橋の中には、16 世紀のイタリアの建築家でヴェニスのリアルト橋を設計したアンドレア・パラディオ（1508-80）によるオリジナルのデザインに基づいたものがある。これらは、この例のように、柱列やペディメントのアーチなどの古典的な特徴を備えている。

田舎風の橋 Rustic bridge

橋の建造は、遊びや芝居がかった雰囲気を庭に持ちこむ機会だと見なされることが多く、ロココ調、ゴシック調、ムーア様式の影響を受けたデザインは一般的ではない。対照的に、19 世紀に流行した単純な田舎風の橋は、今でも田園地方で見られる。

FEATURES

ロックガーデン *Rockeries*

岩をつかうのは、中国や日本の伝統的特徴であり、ローマや後期のルネサンスのグロット（庭園洞窟）でも用いられた。ヨーロッパでは、18世紀につくられた庭のいくつかで、自然の風景を模倣することを意図して大規模に岩がアレンジされた。しかし、岩を使う完全に新しい方法が、ビクトリア時代の英国で発展した。ロックガーデンは、ミニチュアの山の風景をつくるために、輸入された岩を複雑に配置したもので、小さな高山植物や岩場を好む植物が植えられる。今日でも人気があり、大規模なものには、池や岩の橋が組み込まれていることが多い。

ロックガーデン
Rockery garden

岩と植物をうまく用いることで、この庭の自然の植物とよく調和し、その配置は、支配的なものにも取るに足らないものにも見えない。

ロックガーデンのつくり Construction

最も良いロックガーデンは、完全に自然に見えるが、この断面図が示すように、さまざまな大きさの岩やがれきで構築して、植栽のために土がつめられる。大きな岩を使うほどに、最終的な結果に説得力がでる。

地層 Strata

地層を模倣して岩肌が見えるようにしているロックガーデンを探してみよう。繊細な高山植物は、地表に育っていると見逃しやすいが、この段々になった効果によって、比較的近くで植物の観察ができる。

植物 Plants

植物と岩のバランスを取ることが重要である。どちらかが多すぎると、岩ばかりであるか緑ばかりであるかのように見える。高山植物とともに、シダ類、春球根、矮性針葉樹などが組み込まれているのを目にするだろう。

位置 Position

大規模な自立した石の露頭よりも、ずっと繊細なロックガーデン様式のエリアを持つ多くの庭を目にするだろう。岩で縁取られた階段は、植物を植えるための土のポケットがつくられた低い壁と同じく、特にうまくいっているように見える。

人工的な石細工 *Artificial Stonework*

18世紀半ば以降、庭の建築的展示物への需要が高まり、彫像などの装飾品の古典的なデザインの模倣が、かなりの量つくられ始めた。品質の優れたものの多くは、ロンドンのコアデ人工石工場に起源をもつ。ミセス・エレノア・コアデが1769年に開き、その作品は、特に繊細なディテールを持つという特徴がある。1848年、ジェームズ・パルハムとその息子の英国風景庭園事務所が独占所有権のあるパルハマイトを導入した。この石は、人工的なセメント合成物で、非常に本物らしい。

コアデの石の壺 Coade stone urn

英国サマセット州のヘスタクームの庭を美しく飾っているこのコアデの石の壺の繊細なディテールの質に注目しよう。

コアデの石 Coade stone

ミセス・コアデの成形人工石は、大量に生産されたセラミックの炻器の一種であった（彼女の娘のエレノアも、1813年までこのビジネスを続けていた）。多くのがまだ残っており、ひっぱりだこであるほどの品質である。

コアデの製品 Coade products

コアデの石製品は多岐にわたり、記念碑、紋章、彫像、そして数え切れない数の大きな壺や花瓶などが、工場の寿命が来るまで生産されていた。このアーミラリ天球儀を支える石柱に施されたレリーフの繊細さに注目しよう。

パルハマイトの石 Pulhamite stone

ビクトリア時代の英国の手の込んだロックガーデンの多くは、パルハムによってつくられた（その中には、ロンドンのバッキンガム宮殿とサリー州ウィズリーの庭がある）。天然石と人工石を併用してつくられたものもあるが、それらを区別するのは非常に困難だ。

パルハマイトの製品 Pulhamite products

パルハムのロックガーデン、シダ植物園、グロット、洞窟、カスケードは、煉瓦とがれきの土台からできていて、ポートランドセメントの特別な混合物で覆われ、その地域で見られる天然石に合わせて色づけされる。コアデの石のように、パルハマイトは非常に長持ちする。

鳥とミツバチ *The Birds & the Bees*

多くの庭には、さまざまな種類の野生生物や家で飼っている動物の住処に関する構造物がある。厩舎（多くは、馬が自動車に置き換えられて、後にガレージになっている）を探してみよう。大邸宅で時々見られるディアハウス、しゃれた犬小屋、ハト小屋、養蜂場、鳥小屋は珍しいものではない。非常に装飾的な動物小屋、キジの飼育小屋、模型の乳牛舎のような行き過ぎたものが、さまざま時代で流行したが、ほとんどは長続きしなかった。これらの動物小屋は、機能的な庭の一部に分類され、そのほとんどは、母屋の近くでは見られないようだ。

労働の調和
Working harmony

蜂の巣は、菜園、ハーブ園、果樹園にとっては完璧な追加物である。多くの作物の授粉に、その勤勉な住人である蜂が欠かせないからだ。

ハト小屋 Dovecote

ローマ時代に遡るハト小屋の最も特徴的な形態は、石や煉瓦の円形の塔であり、壁の上の方に巣穴が開いていて、それぞれにハトが降り立つための止まり木か共用の出っ張りがあった。あまり頑丈でない現代のハト小屋は、木製で白く塗られていることが多い。

養蜂場 Apiary

個々の蜂の巣、養蜂場（蜂を飼う場所）、蜂の家（蜂の巣を守るために覆いを掛けた構造）、または蜂の住む木の洞（上の図に示すような伝統的なミツバチの巣を守るために壁に設置されたアーチ型のニッチ）が、庭で見られるだろう。

鳥小屋 Aviary

ハト小屋のように、鳥小屋はローマ時代に遡る。中世にはそれらは莫大な富を表し、後の時代には、外国旅行から連れ帰った異国の生物を展示するために使われた。その人気は衰え、今では多くが空っぽになっている。

小鳥の水浴び用の水盆 Birdbath

今日では、鳥が自由に飛び回り、巣作りをし、餌を食べ、水を飲むのを観察するのが好まれている。そのために、多くの庭にはさまざまな巣箱、鳥の餌台、餌箱、水浴び用の水盆がある。水浴び用の水盆は、浅い水盆で、たいていは装飾的な土台の上に設置されている。

野外の芸術 *Art Outdoors*

さまざまなデザインの彫刻が、あらゆる種類の庭で見られ、多くの異なる場所に置かれている。最も繊細で手の込んだものの一部は、ルネサンス期以降に大規模なイタリア庭園やフランス庭園に備え付けられた大規模な図像的なものである。大理石とブロンズが素材として好まれる。北ヨーロッパとアメリカの庭では、もっと地味なものが多く、石や鉛がよく使われる（そのトーンは、落ち着いた光に似合う）。現代では、庭の景観は、現代的な作品を展示するのに適した背景として選ばれていることが多い。

サットンプレイス
英国、サリー州
Sutton Place, Surrey, England

ベン・ニコルソン（1894-1982）によるこの彫刻は、ニコルソンの壁として知られ、ジェフリー・ジェリコー（1900-1996）によってデザインされた知性に訴える配置で完璧な焦点を与えている。

位置 Position

どこに彫刻が置かれているかに注目しよう。大きなものは、ビスタの終点にあるか、軸の接点に置かれるか、人目を引く焦点を提供する。控えめなものは、くつろぎの空間に置かれ、部分的に葉で覆い隠される。

テーマ Subject

庭の彫刻は、庭の風景とほとんどあるいは全く関係のない予期せぬテーマを表現しているかもしれない。これは、芝居がかった効果をもたらすためになされたのか、重大な歴史的な関連性を喚起しているのか、または、単に遊びなのか、考えてみよう。

動物 Animals

動物は、長きにわたって彫刻のテーマとして人気があり、非常に大きい動物（中国の龍、ユニコーン、グリフィンなどの神話上の生物）であるか、狩猟対象の動物や忠実なペットなどの平凡な自然の動物である。

素材 Materials

彫刻が何でできているかを注意深く見てみよう。最も繊細なものは、大理石の彫刻である。ブロンズや鉛の作品は、しばしば、人工的な石やセメントでつくられたもののように、さまざまに鋳造される。現代の作品は、たくさんの素材で構成されている。

風景の中の像 *Figures in the Landscape*

ソマレズ・マナー・アートパーク
チャンネル諸島、ガーンジー
Sausmarez Manor Art Park, Guernsey, Channel Islands

これらの現代風のブロンズ像は、シンプルな石の板の上に横たわり、古典時代の彫刻とは違って、リラックスしたムードを醸し出している。

彫像、または造形彫刻は、古代ギリシア・ローマ時代に遡り、これらの芸術作品は、これまでにつくられた最も上質な（そして最も多く模倣された）ものである。人気のあるテーマには、神や女神（単体もしくはグループ）、皇帝（しばしば胸像）、軍事的英雄（馬に乗っていることが多い）がある。重々しくて寓話的なものから気まぐれでおもしろいものまで、あらゆる種類の庭で造形作品に出会うだろう。これらの作品のテーマの質と選択により、他の特徴ではほとんどなしえないような、庭のトーンやムードを設定できる。

寓話 Allegory

ある考え方または活動を擬人化する古典的な例に倣ってつくられた像を探してみよう。パレットと絵筆を持っていることで、この像は、絵を描いているのだとわかる。このジャンルで他に人気のあるものは、音楽や建築をモチーフにしたものである。

装飾 Ornamentation

大規模な庭では、寓話に出てくるグループが、池や噴水のような特徴を飾っている。物語のようなレリーフ板--おそらく紋章、家族のモットーやエンブレム--も探してみよう。それは、さまざまなものの装飾として使われている。

テーマ Subject

特に庭の背景に合う彫像の種類は、田園の人物を伝統的に描写したものである。テーマの範囲は、孤独な乳搾りの女性から、陽気な恋人たちまでさまざまで、ロココ風の絵画の気楽な遊びを自由にまねたものである。

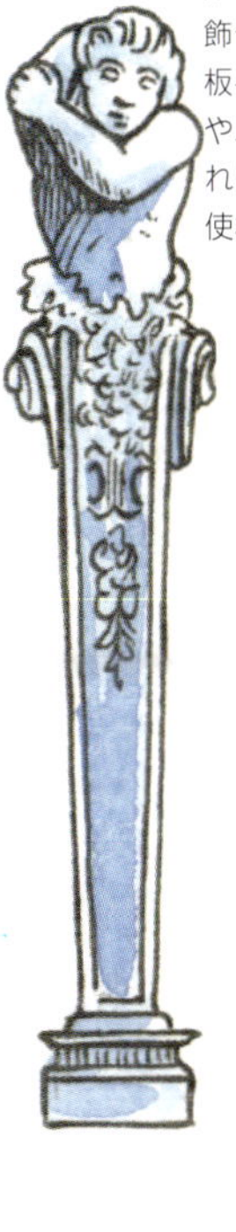

支柱 Supports

胸像は、たいていの場合、台座や柱の上にのっているか、アーチ型または楕円形の壁のニッチの中に設置された。長方形の柱（ハームとして知られる）や、上が細くなった柱（ターム）が、人物、動物、神話上の人物の彫像を支える。

イン・メモリアム *In Memoriam*

死者をしのぶ霊廟、お墓、記念碑が、個人の庭や都市公園で見られることが時々ある。最も有名なものの一つであるインドのタージ・マハール（1654）は、実際にはムガール人の墓地公園である。過去の国民的英雄や文豪の記念碑や寺院を建築することは、特に英国の庭で、18世紀の終わりにかけて流行したものである。その目的は、見る人に死についての瞑想を促すものだった。この伝統は、ロンドンのハイドパークのダイアナ・ウェールズ大公妃を記念する噴水に続いている。

霊廟、ボーウッドハウス
英国、ウィルトシャー州
Mausoleum, Bowood House, Wiltshire, England

このがっしりとした建物はロバード・アダム（1728-1792）によってデザインされ、霊廟にふさわしく重々しいトーンである。ランズダウン家の墓がある。

霊廟 Mausoleum

霊廟は、墓が収められている建物であり、たいていの場合一つの家族の墓である。この言葉は、一つだけの墓にも使われることがある。王家のものを暗示し、規模が非常に大きいことが多く、風景の中で際だった存在になることがある。

彫像 Statue

長いこと忘れられていた人物を記念する彫像を、世界中の公園や公共の庭で目にするだろう。堂々とした台座の上に高々と載せられて、これら昔の市民の公証人は、格式のあるフラワーガーデン、噴水、関心を持たない通行人を見下ろしている。

記念碑 Memorial

記念碑の盾は、壁に設置された単純な平板に碑文を記したものか、もっと頑丈な自立したモニュメントである。後者は、布で飾った石造りの骨壺を上に載せており、出来事や人々を記念するものだ。

動物のお墓 Animal graves

庭のかなりすみっこの方で、無計画に置かれたように見える小さな墓石に出くわすことがあるだろう。これらには、一語だけの名前と日付が記されているだけのことが多く、かつて深く愛されたペットの心傷む思い出だ。

FEATURES

装飾的な壺と花瓶 *Ornamental Urns & Vases*

壺と花瓶は同じように使われる言葉である。植物を植えるコンテナと違って、壺や花瓶は、純粋に装飾的な要素であり、追悼や記念などの特別な時に使われる以外には機能的な目的を持たない。デザインや大きさはかなり多様で、中が空洞だったり、中が詰まっていたり、上が開いていたり、上部が閉じていたり、ふたがあったりする。特に大きなものは、非常に効果的な焦点を庭に提供し、そうでなくても、台座の上に載せられれば、ビスタの終点となる。他によく見る場所は、手すりの上や階段の傍らである。

シンプルかつ効果的
Simple and effective

すばらしい土台に載せられた壺、生け垣、芝生の配置は、控えめなものの例であり、その結果は季節を通じてずっと効果的である。

素 材 Materials

壺や花瓶は、高い地位のものであり、鉛、石、テラコッタ（時間が経つとともに魅力的になる上質の土器）でつくられているのが一般的である。この鉛の壺に施されたライオンの頭と花飾りのデザインは、非常に典型的に目にするものである。

デザイン Design

この花瓶の飾り立てた装飾は、花や観葉植物で満たすと、そのシルエットの印象的な形が損なわれる類のものである。この花瓶のようなものに最大の影響を与えるためには、庭の中での配置を注意深く検討する必要がある。

台 座 Pedestal

台座は、全体の高さを大きくするため、このような台座の上に載せられた壺や花瓶が多いことに気づくだろう。壺と土台は、一つのデザインと見なされ、両方とも装飾的である。

ギリシア風の花瓶 Grecian vase

大きな石造りのギリシア様式の花瓶は、もともとギリシア、スペイン、イタリアに由来し、多くの庭に印象的な焦点を与える。多くの壺や花瓶よりもデザインはシンプルだが、その大きさ、豊かな色、風合いは、花の装飾を必要としない。

コンテナ：素材 *Containers: the materials*

植物を植えるコンテナは、世界中の多くの庭の欠かせない要素だ。実際、中庭では、植物や花を育てる唯一の手段であることが多い。素材は、伝統的なセラミック（さまざまな色の上薬で装飾されているものも、上薬をかけないものもある）、テラコッタ、石、鉛から、ステンレススチールやファイバーグラスを使ったずっと現代的なものまである。伝統的なものは、時間が経つとともにうまい具合に古びて、使い古した風格が出るし、新しい素材は、目にくっきりと鮮明に写る。19世紀には、数多くの鋳鉄製のコンテナが大量生産されたが、この素材は腐食しやすい。

伝統的なコンテナ
Traditional container

石製のコンテナは、庭にうっとりするような魅力と品質をもたらし、このツゲ属のパルテールのように格式張った背景によく似合う。

テラコッタ Terracotta

テラコッタ製のポットは、何千年にもわたってつくられている。庭の背景にこれほど共鳴する素材はほとんどないが、不利な点もある。上薬をかけていないテラコッタは、多孔質であるため、植物に頻繁に水をやらなければならない。コンテナへの霜害も、危険である。

石 Stone

石は、本物でも人工物でも、鉢に普通に使われており、さまざまな時代の非常に装飾的なものを目にするだろう。実際のコンテナとともに、この重い荷を抱えたケルビムのような装飾的な台座と支えが設けられることもある。

金属 Metal

テラコッタおよび石と同じく、鉛、ブロンズ、銅などの金属は、庭で美しく時代を重ねる。貯水槽や古い銅製のボイラーなどを、魅力的なプランターとして再利用している例を探そう。ステンレススチールは、現代的なデザインで人気がある。

木材 Wood

木は、他の素材よりも多くのメンテナンスを必要とし、最終的には腐敗してしまう。ペンキを塗ったり、防腐処理を施したりすると、寿命が長くなる。木製のコンテナは、樹木や低木を育てるために、格好が良く、かなり大きな入れ物として働く。

コンテナ：デザイン *Containers: the design*

飾り気のない植木鉢やコンテナの文字通り何百もの異なるデザインを、庭で目にするだろうが、たびたび現れる形を探してみよう。これらの伝統的なデザインは、流行の変化に逆らっており、特別な目的でつくられていることが多い。イタリアルネサンスの庭は、大きな植木鉢をよく使っていた。これらは戦略的に焦点として配置されるか、いくつかがリズムのある列に配置されるかしていた。観葉植物や花であふれた植木鉢が、テラス、階段、池の畔を飾り、つつましい家の外観は、1、2個の植木箱がシンプルに追加されて、著しく良く見えるようになる。

自然な組み合わせ
Natural pairing

テラコッタの鉢のこのコレクションの単純さは、編み込まれた椅子の田舎らしさを補い、様式と機能を調和させている。

デザイン Design

深くて口の広いテラコッタの植木鉢は、伝統的に柑橘系の木を育てるために用いられている。他の種類には、広い口の鉢（イチゴ用）、浅い半分の皿（高山植物用）がある。背が高くて細い鉢は、ロングトムとして知られ、根が伸びるのを促進する。

トラフ Trough

長方形のトラフは、花飾り、船首、花といった手の込んだ彫刻で飾られていることが多く、調和した支柱で地面から持ち上げられている場合がある。ペンキを塗った木製の箱で、四隅にフィニアルがついたものは、ベルサイユケースと呼ばれる。

装飾用植木鉢 Jardinière

魅力的なつる状の姿の段々になった配置に、いくつかの植物を一緒に展示するようデザインされた特別なスタンドを見ることがあるだろう。通例、装飾的な鍛鉄か木板でつくられていて、コンサーバトリー、ウィンターガーデン、または大きな温室の備品として人気である。

現代風のコンテナ Contemporary

コンテナと植栽が合っているか、周囲としっくりくるかどうか、考えてみよう。現代風の庭は、強い建築の形や、ステンレスや亜鉛メッキのようななめらかな素材を必要とすることが多いが、強い色のコンテナは注意深く配置する必要がある。

休憩場所 *Places of Repose*

多くの庭は、もともと楽しみや娯楽の場所であり、住民のくつろぎのために一通りの調度品がそろっているのが自然だ。眺めを楽しむための日陰の椅子やベンチがない庭は珍しい。他の建築上の特徴と同様、庭の調度品も、変化する流行と繰り返すリバイバルの影響を受けてきた。調度品が、効果のためか快適さのためか、その両方のために選ばれているのかに注目しよう（家庭の庭では、格式張った鉄製の椅子よりも、座りやすそうなリクライニングチェアが好まれるようだ）。

予期せぬもの
The unexpected

このすてきな白鳥のベンチのような珍しいデザインを探してみよう! 比較的短命な庭の特徴の一つとして、椅子は、空想の飛躍を持ち込む機会であることが多い。

位置 Position

庭のベンチは、ほとんどすべての種類の庭で見られる。このシンプルなベンチは、都市公園と世界中の庭に必ずあるものだ。注意深く配置すれば、風景の中で（肉体的にも視覚的にも）自然な休憩場所になる。

様式 Style

理想的には、調度品の様式は、庭の様式を反映しているべきだ。英国で 19 世紀に見られたすべてのものにゴシック様式を使う流行は、中流階級の庭とゴシック様式のコンサーバトリーに向けの、手の込んだ鋳鉄製のテーブル、椅子、ベンチの大量生産につながった。

素 材 Materials

ペンキを塗っていない硬材は、どんな野外の風景とも親和性が高く、その外見はたいていの場合時間とともに良いものになる。例えば、ナラ材は銀色になる。シンプルなデザインは、ほとんどあらゆる場所で役に立ち、カントリーガーデンでは、幻想的な田舎らしい様式が人気である。

目新しいもの Novelty

終わることのない発明が、庭の調度品のデザインを特徴付けてきた。強い支柱を持つブランコは、陽気さや遊びの雰囲気を加え、たいていの場合、素晴らしい眺望を楽しむのに最高の場所にある。明るい色の日よけをつけたものもある。

庭の調度品 *Garden Furniture*

時に革新的なデザインと調和を保つにあたって、創意に富んだ素材が、庭の調度品をつくるのに使われることが多い。石、木、金属など、耐久性があり頑丈なステープルと一緒に、細い鍛鉄のような軽いものを使ってずっと繊細な効果を出している。さまざまな種類の枝編み細工からなる調度品は、幸いなことに、いつでも庭と貯蔵庫にある。この昔ながらの技術には、驚くほど強い調度品をつくるために、小枝、枝、ヤナギ、イグサなどの細いより紐を一緒に編んだり編み込んだりする技術がある。

ガーデンテラス
The garden terrace

鍛鉄を使えば、非常に繊細なデザインの調度品をつくることができ、また、強くて長持ちである。この素材はさまざまな庭の背景によくあう。

シンプルなベンチ Simple bench

イタリアルネサンスのベンチは、庭の調度品の最も上質のものである。落ち着いた大理石板は、手で彫刻された架台に支えられており、これに肩を並べるものはほとんどない。不幸なことに、質の悪い石やコンクリートからできたものが、不適切に置かれていることも多い。

手押し車のベンチ Barrow seat

実用的でおもしろく、その名が示すように、手押し車のベンチは、ちょうど一輪車のように、庭の中をあちらからこちらへと動かすことができる。庭を訪れた人は、日なたや日陰、静かさや娯楽を求めて、動き回ることができる。

田舎らしさ Rusticity

この古い木がテーブルの足として使われているように、自然物が調度品になっているのを見ることがある。スタンペリーや根株の家のように、これらの田舎らしさは、格式張った庭の調度品のアンチテーゼであり、庭と自然の間の境界線をぼやかそうとする。

木のベンチ Tree seat

人と自然とを近づける別の試みは、木のベンチの心地よい気づきである。木の家のように、腰掛ける人は、日陰と快適さのような実用性とともに、木に囲まれているような感覚を楽しむ。

時を刻む *Marking Time*

天体のセンターピース
Celestial centrepiece
アーミラリ天球儀は、この格式のある庭に明るく陽気なセンターピースを提供し、その位置は、向こうにある重たい装飾的な壺に反響している。

日時計、アーミラリ天球儀、風向計などの器具が、多くの庭に魅力を付け加えている。日時計の記録は、紀元前1500年に遡り、アーミラリ天球儀は、紀元前250年に遡る。それらのもともとの機能の大部分が不要になった今では、小規模な局所的なポイントを与える装飾的な建築要素として使われている。日時計の意図は目立たないが、見る人に過ぎゆく時について瞑想を促し、人の死について思いにふけることを促すことができる。碑文がそれらのデザインに統合されていることが多い。ラドヤード・キップリングの庭、英国サセックスのベイトマンの庭では、日時計に「思ったよりも遅い」との銘が記されている。

日時計 Sundial

日時計は、太陽の陰を利用して時間を告げるものだ。文字盤（普通はブロンズ製）には時間が刻まれ、まっすぐに立った部材（指針）が陰を落とす。天の極と緯度に関して注意深く配置する必要がある。

デザイン Design

日時計のデザインはさまざまで、台座に水平に置かれたり、壁に垂直に取り付けられたりする。装飾的に彫刻された支えには、時の翁のような寓話の人物が刻まれていることがある。もちろん、十分に日の当たるところに置かれなければならず、伝統的には、ローズガーデンに取り囲まれて置かれた。

アーミラリ天球儀 Armillary sphere

アーミラリ天球儀は、連結した同心の金属の輪でできている。これは天球儀の天文学的表現である。庭では、台座に乗せられたものを目にするだろう。特に、小さな庭に置かれたものは、焦点となっている。

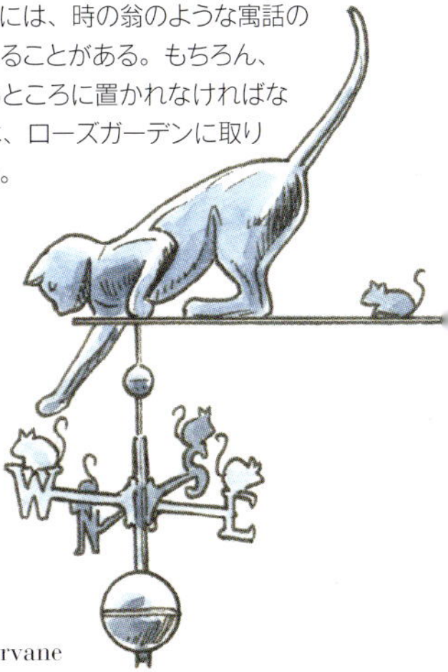

風向計 Weathervane

羅針盤の方位とさまざまな装飾的な飾りに特徴とする回転風向計は、風向と時には風速を示すものだ。庭の建物など、多くの種類の建物のてっぺんにある。アメリカのものは、風車として知られる木彫である。

APPENDICES
付録

用語集 *Glossary*

charbagh 人生の4つの川の象徴である池を備えた閉じたイスラム式庭園。

CLAIRVOYEE 外を眺めるために、壁または生け垣の中にある装飾的な鉄製のパネル。

GAZON COUPE 芝生の中に刈り込まれたパターンで、砂や砂利で埋められている。

GIARDINO SEGRETO 秘密の閉ざされた庭。

GIOCHI D'ACQUA 文字通り水のいたずらで、近づく人にサプライズを与えるもの（濡れることが多い!）。

PARTERRE A L'ANGLAISE 芝生に切り込まれたデザイン。

PARTERRE D'EAU 池からなるデザイン。

PARTERRE D'OIE がちょうの足の形に配置された格式のある樹木の配置。

PARTERRE DE BRODERIE 手の込んだ刺繍飾りのパターンに基づくデザイン。

PARTERRE DE COMPARTIMENT 水平および垂直に左右対称なデザイン。

TEATRO DI VERDURA イタリア語で野外劇場。

アーキテクチャー植物 花よりも葉が尊重される植物に対して用いられる用語。

アーケード 一連の連結したアーチ状の建築物だが、生け垣になる植物でつくられることもある。

アーミラリ天球儀 天球を天文学的に表したもので、たいていは金属製。

アイキャッチャー 注意を引きつける目立つ構成要素。

空き地 森林の中に見られる開けた場所。

あずまやは**木陰のあずまや**を参照。

生け垣 一列に植えられ、一定の高さに刈り込まれた低木の植え込み。

イタリア様式 イタリア以外の国でイタリアの建築要素を用いること。

一年生草本 1年未満しか生育しない植物。

井筒 水を引く井戸の上につくられる装置。

井戸小屋 井筒の上につくられた建物。

田舎らしさ 建物の様式で、たいていは田舎と関連するようにつくられ、おおざっぱでむしろ自然のままの素材が特徴的に仕上げられている。

ウインターガーデン 植物がもともと展示されていた場所で、公共の娯楽に使われる大きな温室。

運河 静水域の人工的な小川。

エクセドラ 教会の後陣のように配置された半円形の背景。

枝編み細工 小枝、枝、ヤナギ、イグサなどの細いより紐で一緒に編んだり編み込んだりすることでつくられるもので、庭の調度品に使われることが多い。

宴会場 母屋から離れて庭にある建物で、公式な食事に使われた。

円形球技場 野外劇のための開けた場所で、通常円形であり高いところに椅子がある。

オーダー 古典時代のギリシアとローマのモデルに基づく柱に使われた形式と装飾。

小川 まっすぐで石で縁取られていることが多い小さな流れ。

オベリスク 四角、三角、円形、または、八角形の先が細くなった柱。

オランジェリー 冬に扱いの難しい柑橘類の果樹を入れておくしっかりした屋根付きの建物。

ガーデンルーム 庭にある部屋や、家に付属した庭を眺める部屋を指す一般的な用語。

カーペット状の花壇 芝生か砂利のような平らな場所に、花の咲く植物や観葉植物をパターンに高い密度で植え込んだもの。

外国産の植物 栽培国で自生していない植物。

垣根仕立て 幾何学的な形状に刈り込んだ果樹。

格式のある 庭のレイアウトや植栽の整然と規則正しい様式を指す。

笠木 壁の上部にかぶせたもの。

風車 風向計のように用いられる彫刻された木製のものの米国での呼び方。

カスケード 落ちる水の配置。天然のものもポンプで駆動する人工的なものもある。

ガゼボ もともとは庭を見渡す少し

高くなった建物で、現在は、ベンチがあるさまざまな庭の建物を指すのに使われる用語。

花壇用植物　短期間の展示のために育てられている植物。扱いの難しい一年草であり、装飾的な花壇の一部を構成することが多い。

家庭菜園　食用の植物を栽培するための庭の場所。

カテナリー　2本の杭の間にロープをつるして、花の咲く植物、バラであることが多いが、を育てる方法。

花瓶　装飾的な器。

ガラス鐘　若くて扱いの難しい植物を保護するためのガラスカバー。

ガラスの温室　植物を展示するガラス張りの建物で、たいていの場合、普通の温室よりも装飾的なものを指す。

頑丈な障壁　間にギャップのないボードでつくられた硬い柵。

キオスク　外国風の様式に建てられた庭の小さなシェルター。

木のベンチ　樹木の幹の周りにつくられたベンチ。

ギャラリー　鉄製や木製の軽い枠組みでできたいくつものアーチの組み合わせで、ツル植物に覆われている。

杭柵　垂直材と横木からなる通常の木製の柵。

グロット　洞窟のような構造物で、たいていの場合、人工岩あるいは天然岩でできている。

形式張らない　庭のレイアウトや植栽の不規則で自然な様式を指す用語。

堅果園　ナッツ類の樹木のコレクション。

コアデ石　つくり出した人物であるミセス・エレノア・コアデにちなんで名付けられた人工石の種類。

格子　すかし細工の木製の柵で、非常に装飾的であることがお多い。

木陰のあずまや　上部と側面が開いた小さなシェルターで、ベンチがあることが多い。単にあずまやとしても知られる。

コケ植物園　コケ植物のコレクション。

木立　小さな装飾的な森。

五点形　さいころの5の形に植えられた5本の木。この形が繰り返される。

コピス　数年ごとに地際で樹木を伐採し、切り株から細長い新たな萌芽を促す、管理された林または場所。コピシングによる萌芽枝は、過去には多くの国で、さまざまな用途を持つ重要な資源であった。

小道　庭の中の長い格式のある散歩道で、木々に縁取られていることが多い。この用語は、球技のための狭い芝生を指すこともある。

コンサーバトリー　建物に付属したガラス張りの構造物。一般に植物がここに展示されているが、もともとは人々が快適に過ごすことを目的としており、たいていの場合家具が備え付けられている。

サマーハウス　隠れ家と日陰になる庭の建物。

サンクガーデン　地面より下につくられた庭。

茂み　高密度に植栽された樹木や低木の植え込み。

自生の　特定の地域に自然に生育する植物。

シダ植物園　シダ植物のコレクション。

したたり落ちる池または井戸　もとは、じょうろやバケツをいっぱいにするための池であり、後に、装飾的な作品となった。円形で壁に備え付けられることが多い。

芝生　刈り込まれたイネ科草本の場所。

島状花壇　芝生の中に切り込まれた自立した花壇で、低木や花が植えられている。

借景　庭の外側の魅力的な光景であり、庭の中から楽しむもの。

修道院　修道士が使っていた日干し煉瓦の建物で、たいていの場合非常に粗雑につくられている。

修道院の庭　男子修道院または女子修道院の中にある閉ざされた庭。

収容箱　底が開いていて上にふたのある背の高いテラコッタの植木鉢。ルバーブなどの特定の植物を植えて、日光を遮って成長を促すもの。

樹木園　さまざまな種の樹木のコレクション。**マツの植物園**も参照のこと。

樹林帯　樹木を幅広く植栽したもので、大邸宅の周囲に見られることが多い。

用語集 *Glossary*

常緑　一年を通じて葉が残る植物に対する用語。

植物園　科学的研究や展示の目的の植物の大規模なコレクションで、一般公開されていることが多い。

神殿　屋根のある建物で、側面は閉じていても空いていてもよい。

水盆　単純な浅いボウルで、台座の上にあることが多い。

スタンペリー　装飾的な作品にアレンジされた古い根返った樹木の切り株。

草原　年に何度か刈るという方法で管理されたイネ科草本などの植物の生えた場所。草原は、草食動物で管理されていることもあり、花が咲く植物であることが多いが、周期的に、特定の植物が選択的になくなる。

草本植物　冬に枯れる多年生の植物。

促成ピット　果物を促成栽培する場所。

ターム　人物、動物、または神話状の生物の彫刻を上部に乗せた先が細くなった長方形の柱。

台木　バラや単幹の木として育てられた低木は、別の種類の台に接ぎ木される。

太鼓橋　中国風庭園で見られることが多い、特に円形をした橋。

蛇行した壁　**曲がりくねった壁**を参照。

多年生　冬期に枯れる長寿命の植物。**ハーブの縁取り花壇**も参照のこと。

茶室　日本庭園で茶会を行う時に使う伝統的な建物。

柱列　一定間隔で並んだ一列の柱で、柱廊を造るよう壁と平行になっていることが多い。

貯氷庫　氷をつめて食品の貯蔵に用いた石または煉瓦の建物。

月の門　中国風の庭の門の中に設置された円形の開口部。

築山　庭にある丘のような地形で、人造であることが多い。

壺　装飾的な花瓶で、上部が開いていても閉じていてもよい。

ツル植物園　ツル植物のコレクション。

低木園　低木のコレクション。

低木の植え込み　低木や花をつける低木を高密度に植栽したもの。

手押し車のベンチ　二輪手押し車のような車輪が片方についたベンチ。

手すり　横木の上につけられた手すりの列でできた欄干で、石でつくられていることが多く、テラスの縁取りに使われる。

テラコッタ　植物用の鉢やコンテナ、彫像をつくるために用いられた繊細で上質の土器。

時計塔　外壁に時計がついた建物で、2つ以上の時計があることもある。

閉ざされた園（Hortus conclusus）　文字通り閉ざされた庭で、キリスト教の信仰上のシンボルと関係している。

トピアリー　植物を装飾的な形に刈り込んだアート。

トラフ　石でできていることが多く、植物を植えられているトラフ。

鳥小屋　鳥を飼うための大きなケージ。

並木道　等間隔に並んだ樹木、時に刈り込んだ生け垣が一列に並んだ長く、まっすぐな散歩道や車道。

ニッチ　壁のへこんだ場所、または、彫像を展示するために刈り込まれた生け垣のくぼみ。

ニンフェウム　古代ギリシアのニンフへの捧げ物をする場所。

根株の家　巨大な樹木の根で構成されたヒュッテ。

ノットガーデン　背の低い刈り込まれた生け垣の装飾的な配置で、空間が空いていることも植物で埋められていることもある。

パゴタ　伝統的な中国のデザインに基づく、背の高い段々がついた建物。

パーゴラ　ツル植物を這わせるよう横梁を支える一連の垂直の柱。

ハーバル　ハーブの使用法を記した書物。

ハーブの縁取り花壇　ハーブを植栽した縁取り花壇。多年草の縁取り花壇としても知られる。

ハーム　人物、動物、または神話上の生物の彫刻を上部に乗せた長方形の柱。

パームハウス　ヤシなどの外国産の植物の栽培および展示のための温室。

廃墟　半分崩壊した状態の建物で、古い時代の建物の断片であるか、そういう風に意図的につくられたもの。

パイナップル栽培温室　パイナップルを栽培するための温室。

柱　背の高い狭い柱で、建物のような建築物の一部であったり、自立していたりする。**オーダー**も参照のこと。

蜂の住む木の洞　ミツバチの巣を気候から守るための壁に取り付けられたアーチ型のくぼみ。

ハト小屋　ハトを飼育する建物。

花綱　**カテナリー**を参照。

ハハー　視覚的な境界の必要性なしに、庭の外にいる動物が草を食べ続けるようにする急峻な溝。

パビリオン　シェルターや日陰になる庭の建物。

バラ園　バラの庭。

パルテール　上から見るためにデザインされた装飾的な花壇。

パルハマイト　パルハムと息子によってつくられた人工石の種類。

ハンドライト　若い植物を気候から守るために用いられるガラスのパネルをセットしたフレーム。

ビスタ　長い距離の眺望。焦点になる場所があることが多い。

日時計　太陽の陰で時間を知らせる装置。

標本庫　乾燥させ押して保存されている植物のコレクション。

風向計　コンパスの指す向きを示し、風向きを指し示す装飾的な装置。

プールハウス　プールのそばにある着替えのための建物。

フォリー　機能がなく、効果のみがある庭の構造物。

ブドウ栽培温室　ブドウを栽培するための温室。

ブリーチング　支柱に生け垣が乗っているようにみえるよう、背の高い単幹に仕立てて、上部の枝を水平に刈り込む樹木の剪定技術。

プレーリー　遅い季節に咲く多年生の草本やイネ科草本が特徴の植栽の様式。

ペディメント　ポーチの上やドアや窓の上にある破風。

ボートハウス　湖や川のそばにあるボートをしまうための建物。

ボシー　若い庭師のために庭の中にあるシンプルな建物。

ボスコ（bosco／bosquet）木立。小さな森。

ポタジエ　装飾的な家庭菜園。

ボッグ・ガーデン　池の端などで見られる柔らかくて湿った土地での生育に適した植物のコレクション。

ポラード　複数の幹が萌芽するように、毎年樹木の幹の上部を伐採する技術。

堀　建物の周りに巡らされた水のある場所で、もともとは防衛の目的だった。

曲がりくねった壁　起伏し、カーブした壁で、果物を育てるために使われる。蛇行する壁としても知られる。

曲がりくねった湖　曲線的で曲がりくねった端を持つ不定形の水域。

マツの植物園　針葉樹のコレクション。

水辺植物　池の端などの湿った土地で生育する植物。

見晴台　塔のような背の高い建物で、そこからながめを楽しむ。

迷宮　一本の道のある地面に配置されたパターン。草が刈り込まれたデザインのような二次元のものや、例えば生け垣からなる三次元のものもある。

迷路　たくさんの目隠しされた小道や袋小路のある生け垣で輪郭を描かれた複雑なパターン。**迷宮**も参照のこと。

門番小屋　敷地のエントランスにある建物で、訪問者を監視する門番がいる。

薬草園　薬草を育てるための庭。

屋根付き門　しっかりした屋根が覆っている門。原始的なベンチがあるものもある。

遊園地　音楽会、スポーツ、散歩などの一般の人の楽しみに使われる大規模な庭。

養蜂場　蜂を飼育する場所。

落葉植物　秋ごとに葉を落とす植物に対する用語。

リボン花壇　明るい色の背の低い植物の連続したストリップの長くて狭い縁取り花壇。

冷床　露地に植える前に若くて扱いの難しい植物を育てるために使われた、取り外し可能なガラス製のパネルのついた煉瓦または木製の箱。

レイズド・ベッド　地面から高い位置で植物を育てるために枠に入れられた花壇。

霊廟　墓が収められた建物。この言葉は、一つだけの墓にも使わ

用語集 Glossary

れることがある。

レイヤリング　成長を促すために生け垣を編み込んで刈り込む方法。

ロタンダ　ドーム型の屋根のある環状の柱で、側面が開いていても閉じていてもよい。

ロックガーデン　植物を育てるための土のポケットのある岩の配置。

ロッジ　大邸宅のエントランスにある小さな家。

ロッジア　修道院またはアーケードを形づくる柱の列。頑丈な屋根があり、建物にくっついていて、片側が開けている。

出典 Resources

英国とヨーロッパ

ナショナルトラスト ナショナルトラストは1895年に設立され、英国、ウェールズ、北アイルランドの特別な場所を保護している。その多くは、訪れる価値のある特別な庭である。
www.nationaltrust.org.uk

スコットランドおよび北アイルランドには、独自のナショナルトラストがある。
スコットランド・ナショナルトラスト：
www.nts.org/uk
アン・ティセ、アイルランド・ナショナルトラスト：www.antaisce.org

ナショナル・ガーデンズ・スキーム（NGS）　ナショナル・ガーデンズ・スキームは1927年に設立され、毎年数日間、普通の個人の庭を一般公開し、看護と福祉活動のチャリティーの基金にしている。イエローブックは、この目的のための公開の割り当てを含む3, 700以上の個人の庭の年ごとのリストである。
www.ngs.org.uk

英国王立園芸協会（RHS）　チェルシー・フラワー・ショーやハンプトンコート・フラワー・ショーなどのイベントや毎年行われるショーを通して、園芸の発展とガーデニングの促進を専門とする世界をリードする園芸協会の一つである。英国でRHSが所有する4カ所の庭に加えて、協会には、英国、フランス、ベルギー、イタリア、北米の選ばれた個人の庭とリンクしている。ウェブサイトには、英国をはじめ23カ国のRHSが推薦する147カ所の庭のリストがあり、メンバーには無料で公開されている。
www.rhs.org.uk

植物園自然保護国際機構（BGCI）
本組織は、科学、教育、園芸を通じて植物の保全のために植物園を連携する団体である。ウェブサイトでは、ヨーロッパ中の植物園および植物保全のネットワークの連絡先が載せられている。
www.bgci.org

北米

米国園芸クラブ（GCA）　米国およびカナダの地域の園芸クラブの上部組織であり、1923年に設立され、ガーデニングの知識と愛好を振興している。環境の保護に関連する大学院の研究に対して、賞金と奨学金を提供している。ウェブサイトには、植物園と樹木園のリストと、特定の団体や他のGCAクラブのウェブサイトへのリンクがある。
www.gcamerica.org

出版物

Gardens of the National Trust
Stephen Lacey
(National Trust, 2005)

The Gardens of Europe: A Traveller's Guide
Charles Quest-Ritson
(Garden Art Press, 2007)

Gardens in France
Angelika Taschen, Deidi von Schaewen and Marie-Françoise Valéry
(Taschen, 2008)

Gardens of Italy
Ann Larås
(Frances Lincoln, 2005)

Gardens of Portugal
Helena Attlee
(Frances Lincoln, 2007)

In Search of Paradise: Great Gardens of the World
Penelope Hobhouse
(Frances Lincoln, 2006)

索引 *Index*

索引 *Index*

な

は

索引 *Index*

PICTURE CREDITS

The publisher would like to thank the following individuals and organisations for their kind permission to reproduce the images in this book. Every effort has been made to acknowledge the pictures, however we apologise if there are any unintentional omissions.

Garden Picture Library:
Leroy Alfonse: 84; Matt Anker: 194; Peter Baistow: 126; Lucy Barden: 60; Richard Bloom: 98; Mark Bolton: 68, 73BR, 80, 106, 131, 174, 206; Clive Boursnell: 48, 128, 147, 226; Lynne Brotchie: 17TR; Linda Burgess: 47BL; David Burton: 197T, 232; Brian Carter: 96; Michael Davis: 95BL; François De Heel: 118; Henk Dijkman: 169; David Dixon: 46, 94, 116, 141, 182, 199; Carole Drake: 89, 112, 132, 167TL, 197B; Ron Evans: 127TL; Richard Felber: 2, 44, 120, 127, 150, 153, 240; John Ferro Sims: 210; Nigel Francis: 47TL; Suzie Gibbons: 181, 185, 236; John Glover: 17TL, 57, 167BL, 167BR; Anne Green-Armytage: 209; Juliet Greene: 47TR; David Henderson: 200; Jacqui Hurst: 111, 186; Jason Ingram: 73TR, 179, 223, 228; Buro Kloeg/Niels Kooijman 134; Michèle Lamontagne: 124; J. Paul Moore: 167TR; Mayer/Le Scanff: 29; Martine Mouchy: 72; Clive Nichols: 47, 70, 170, 235, 242, 95TL; Cora Niele: 123, 137; Clay Perry: 63, 196R, 215; Howard Rice: 188, 203, 219, 225; Craig Roberts: 90, 197C; Ellen Rooney: 104, 160; Rosalind Simon: 86; Ron Sutherland: 163; Brigitte Thomas: 108; Mark Turner: 127BL; Michel Viard: 66; Juliette Wade: 196L; Lee Anne White: 92; Jo Whitworth: 95BR; Steven Wooster: 24, 100, 166; Francesca Yorke: 22

Paul MaCrae: 33

Photolibrary:
Dr Wilfried Bahnmüller: 26; Lee Beel: 36; Britain On View: 58, 138; Alberto Campanile: 144; Jonathan Carlile: 159; Angelo Cavalli: 204; David Clapp: 73TL; Corbis: 77; Carole Drake: 231; Dreamtours: 173; Chad Ehlers: 16; Nigel Francis: 74; John Glover: 127TR; Ips Co Limited: 193; The Irish Image Collection: 20, 142, 176, 216; Jumping Rocks: 64; Corinne Korda: 239; Georgianna Lane: 115; David Messent: 8; MiRa MiRa: 30; National Trust Photo Library: 83, 148; Andrew Newey: 14; Michael Newton: 51; Kevin O'Hara: 154; Paroligalperti: 95TR; Pawel Libera: 156; Pepeira Tom: 43; Pixtal: 40; Roy Rainford: 54; Mattes René: 19; Thomas Robbin: 190; Guido Alberto Rossi: 39; Claire Takacs: 73BL; Curtice Taylor: 220; Mark Turner: 17, John Warburton-Lee: 213; Barry Winiker: 11, 34; Koji Yamashita: 52; Ypps Ypps: 164

Nicola Stratford: 103

First published Great Britain in 2010 by
HERBERT PRESS

This book was conceived, designed and produced by
Ivy Press
www.ivy-group.co.uk

CREATIVE DIRECTOR Peter Bridgewater
PUBLISHER Jason Hook
EDITORIAL DIRECTOR Caroline Earle
ART DIRECTOR Michael Whitehead
PROJECT EDITOR Stephanie Evans
DESIGN JC Lanaway
ILLUSTRATIONS Coral Mula
PICTURE MANAGER Katie Greenwood

Cover images: Corbis/Michael Boys (top); Eric Crichton (bottom).

ガイアブックスは
地球《ガイア》の自然環境を守ると同時に
心と体内の自然を保つべく
"ナチュラルライフ"を提唱していきます。

HOW TO READ GARDENS
庭園の謎を解く

著　者：
ロレイン・ハリソン（Lorraine Harrison）
ロンドン大学造園史の修士号を修得。ガーデニングをこよなく愛し、自身の庭を手入れしない時には、他人の庭のガーデニングを楽しむ。著書に『Inspiring Sussex Gardeners』『The Shaker Book of the Garden』などがあり、園芸の学術誌『Hortus』にもたびたび寄稿している。

翻訳者：
小坂 由佳（こさか ゆか）
京都大学理学部生物科学専攻。京都大学大学博士（理学）取得。岐阜県立森林文化アカデミー専修学校講師を経て、翻訳家に。訳書に『足の疾患と症例65』（産調出版）。

発　　行　2011年4月1日
発 行 者　平野　陽三
発 行 元　ガイアブックス
〒169-0074 東京都新宿区北新宿3-14-8／TEL.03（3366）1411　FAX.03（3366）3503
http://www.gaiajapan.co.jp
発 売 元　産調出版株式会社

ISBN978-4-88282-784-9 C0061
Printed in China